# SOUVENIRS D'ENFANCE

Extraits du carnet de bord d'un
confiné du 26 avril au 10 mai 2020
(Du 41ᵉ au 55ᵉ jour du confinement)

## Gérard Giordano

# SOUVENIRS D'ENFANCE

Extraits du carnet de bord d'un
confiné du 26 avril au 10 mai 2020
(Du 41ᵉ au 55ᵉ jour du confinement)

## Gérard Giordano

Récit autobiographique

La Méridiana

Livre autoédité par :
Gérard Giordano
153, chemin des Incapis
83300 Draguignan

© 2021 Gérard Giordano
Les photos sont la propriété de l'auteur.

Couverture et mise en page réalisées par Votre Plume 83, Pascal Delugeau, Écrivain-Conseil® à Draguignan.

Édition : BoD – Books on Demand,
12/14 rond-point des Champs-Élysées, 75008 Paris.
Impression : BoD - Books on Demand, Norderstedt, Allemagne.

ISBN : 9782322173860
Dépôt légal : avril 2021

Le Code de la propriété intellectuelle interdit les copies ou les reproductions destinées à une utilisation collective. Toute représentation ou reproduction intégrale ou partielle faite par quelque procédé que ce soit, sans le consentement de l'auteur ou de ses ayant cause, est illicite et constitue une contrefaçon, aux termes des articles L.335-2 et suivants du Code de la propriété intellectuelle.

Est-ce que, lorsqu'on sait que l'on va partir, on acquiert une lucidité qu'on n'a pas eue auparavant ?

Georges Simenon
*Pedigree (1943)*

À notre frère Georges,
à notre mère
et à notre père.

## Remerciements

Toute ma gratitude à Pascal Delugeau, Écrivain-Conseil® du cabinet Votre Plume 83, qui, lors de ses ateliers d'écriture, m'a donné l'enseignement nécessaire pour que je puisse mettre en forme mes souvenirs d'enfance. Il en est de même pour son aide et son concours à l'aboutissement de mon projet.

Merci à ma sœur Mylène, qui a comblé une part de mes lacunes en participant à la relecture du manuscrit.

Merci à ma compagne Joëlle, première lectrice et correctrice, qui a donné de son temps sans ménager sa peine pour me permettre d'arriver au bout de mes souvenirs d'enfance.

## Avant-propos

C'est durant le premier confinement que j'ai pris la décision de faire le point sur ma vie. Une remise en question qui pouvait être sévère, profonde et existentielle. C'était, à mon sens, le moment de me poser les bonnes questions : qui suis-je réellement, suis-je tout simplement heureux dans ma vie de tous les jours ? Ce questionnement est profond et peut se traduire parfois par d'importants chambardements.

J'étais convaincu qu'il ne nous serait plus possible de penser et de vivre les choses comme avant…qu'il y aurait forcément un après Covid-19 différent, cet épisode douloureux, d'inquiétude et d'incertitude, devait avoir l'effet d'un électrochoc… afin que l'après-confinement soit notre parfaite renaissance !

Le temps d'avant a si vite passé et a laissé tant de traces indélébiles…combien de temps reste-t-il devant moi pour accomplir ce que je n'ai pas réussi à faire depuis le jour de la prise en main de ma destinée ? Pendant cette période de face à face avec moi-même et de l'introspection de moi à moi, l'occasion s'est pourtant avérée idéale pour renouer avec mes convictions personnelles, mes envies, mes rêves et d'en faire le bilan en toute objectivité.

Durant cet intervalle imposé, il était essentiel de redéfinir mes priorités face à ma famille, à mes passions, dévorantes pour certaines, et mon rapport aux autres… Pour aussi identifier les éléments qui me compliquent l'existence, éliminer ceux qui grugent mon énergie, pour tenter de la rendre plus productive dans d'autres aspects de ma vie.

Je devais impérativement entrer en mode *retour à la vie*. Réfléchir, peser les pour et les contre avant de m'engager dans une voie, quelle qu'elle soit. Prendre le temps de dresser les listes de mes insatisfactions et de mes satisfactions. Comment, pour les premières, inverser leur influence négative et pour les secondes, les maintenir voire les améliorer, pour avoir les idées plus claires et mieux renaître à la vie.

Il ne m'a pas fallu beaucoup de temps pour poser le cadre de mon projet. Depuis octobre 1986, à la perte de maman, je noircissais des pages, parce que l'écriture me permettait parfois de prendre des distances avec les interrogations qui m'habitaient. Bien que conscient qu'à cette époque il était nécessaire et fondamental de regarder vers l'avenir avec sérénité. Mais, ressasser le passé avait sur moi l'effet d'une thérapie…

Plus proche de nous, c'est à un moment où certaines représentations antiques de l'humanité sont réduites en miettes et que l'on galvaude de nouveau la définition de *Français de souche*, que le cinquante pour cent que je suis, plonge dans ses souvenirs d'enfance heureuse pour les déposer sur l'autel de la fraternité sacrifiée.

Il me restait donc à remonter le temps et à plonger dans les méandres de ma mémoire pour en extirper les extraits de ce qui fut… notre vie… J'ai aussi entrepris cette course de relais afin de passer le témoin à mes enfants… tout en espérant qu'ils en feront de même à leur tour…

*

En notes annexes sont rassemblés les écrits qui ont suivi la disparition de nos parents et de notre frère Georges. Ceux concernant papa sont beaucoup plus rares, ce qui ne signifie pas que je l'aimais moins… mais nous n'avions pas les mêmes rapports et, comme vous le découvrirez, il était très secret. Autrement dit, il n'a jamais brisé son armure. Ce qui n'enlève rien à cet ensemble de notes composé parfois dans la douleur ; il a été la colonne vertébrale de certains souvenirs.

## Sur les traces de nos ancêtres

Du côté de papa qui est né à Port-de-Bouc le 24 février 1926, le septième d'une fratrie de neuf enfants qui comptera sept filles et deux garçons, nous sommes des petits-enfants d'immigrés arrivés tout droit de Napoli. Il n'est pas dans mes intentions de renier le patronyme légué par notre père. Nous sommes aussi Ritals et j'en suis toujours fier.

Notre arrière-grand-mère et notre grand-père avec son épouse, nos grands-parents paternels, ces deux derniers nés en 1891 et originaires de Castellammare di Stabia, située au sud de la ville métropolitaine de Naples, en Campanie, dans l'Italie méridionale, sont les seuls membres de notre famille ayant migré d'Italie, vers 1910.

Les raisons qui ont motivé leur départ sont certainement d'ordre économique. Ce qui peut paraître étonnant, car son implantation en bord de mer fait de cette région un pôle industriel et commercial avec des chantiers de constructions navales fondés en 1783, des usines de papier, de ciment et de produits alimentaires.

À leur arrivée en France, ils étaient accompagnés d'un jeune garçon. Celui-ci ne faisait visiblement pas partie de la famille, mais selon notre père, il était le frère de lait de notre grand-père et quand il parlait de lui, papa l'appelait, tonton Sauveur.

Curieusement, je n'ai gardé aucun souvenir de lui. D'après notre sœur, il semble que maman l'ait bien connu aussi et peut-être même souvent rencontré. Elle nous disait que parfois papa partait en disant *je vais voir mon oncle Sauveur...* Il m'est encore difficile de comprendre pourquoi il ne nous emmenait pas avec lui. Nous n'avons jamais rien su de plus sur cet homme qui était devenu, à nos yeux, si mystérieux. Cela faisait partie du *silenzio sull'argomento*\*[1], comme si notre père avait eu honte de sa propre histoire.

Il est bien regrettable que nous n'ayons pas pu le rencontrer, ce qui nous aurait permis de mieux le connaître. Au fil du temps, il est devenu ce personnage légendaire dont on parle, mais que l'on ne voit pas... Cependant, un peu magique, car il était le seul contemporain à pouvoir nous rattacher au passé napolitain de notre famille. Le seul être encore vivant à cette époque, né au cœur d'une partie de nos racines et ayant vécu dans une petite ville située à proximité du Vésuve, célèbre volcan ayant causé la destruction de Pompéi. Berceau de la moitié de notre

---

[1] Silence sur le sujet

histoire familiale, et c'est peut-être là, en bord de mer, que vit encore une partie de notre famille de l'Italie méridionale !

C'est assez incroyable de n'avoir pas pu l'approcher pour partager avec lui les souvenirs de son enfance et ceux de nos grands-parents... Il nous aurait appris tant de choses sur cette période de notre histoire familiale et plus particulièrement celle de notre grand-père paternel, que nous n'avons pas connu.

Avec mon frère et ma sœur, nous avons tous les trois partagé une profonde déception de cette absence d'échange avec l'oncle Sauveur et nous l'aurions aimé comme s'il avait été des nôtres. D'ailleurs, n'en était-il pas ?

Il nous aurait certainement fait découvrir la jeunesse qu'ils avaient vécue. Nous nous serions même satisfaits de légendes aux parfums d'huile d'olive, de mozzarella et de *pastachoute* au parmesan.

Je les ai imaginés tous les trois, sous le soleil brûlant de l'été, pêchant dans le port du village ou plongeant depuis un rocher, dans les eaux bleues de la Méditerranée.

Et là encore, quand le soir venu, assis côte à côte parmi les familles se réunissant devant leur pas de porte dans d'étroites ruelles, refaisant le monde sous le linge étendu de part et d'autre des façades des maisons, parlant avec les mains et cette gouaille qui n'appartient qu'aux méditerranéens.

Puis la nuit avançant, chacun sortant une chaise pour écouter des chansons napolitaines, souvent composées de complaintes amoureuses ou de sérénades, le tout arrosé de limoncello, la fameuse liqueur citronnée, ou de chianti qui délie facilement les langues.

Enfin, nous aurions aussi appris comment nos grands-parents avaient fait connaissance. Étaient-ils des amis d'enfance ? Ou bien, comme cela devait se faire à l'époque, étaient-ils promis l'un à l'autre depuis leur naissance ?

Nous sommes peut-être aussi passés à côté de notre meilleur professeur d'italien.

*Silenzio sull'argomento* sera devenu le leitmotiv de notre père… Les non-dits étaient légion, jusqu'à ne pas savoir quelle profession exerçait notre grand-père… par pudeur… par complexe d'infériorité, ou parce que notre père s'est toujours senti comme un étranger, même parmi les siens ?

Mais nous aimions notre père dans toute la complexité de ses silences et plus particulièrement dans toute la simplicité de son être, parce qu'il était un homme vrai et sincère, des valeurs qu'il nous a enseignées et que nous portons fièrement.

Cependant, malgré le périple qu'il représente, il y a un rêve que je ne cesse de nourrir en espérant qu'un jour il se réalise : partir en pèlerinage sur les terres de mes grands-parents paternels, marcher dans les rues où ils ont marché, respirer l'odeur du jasmin et des bougainvilliers qu'ils ont respirée, admirer le même coucher de soleil sur le Vésuve.

J'aimerais aussi déambuler au hasard dans cette ville construite sur le site de Stabies, un lieu de villégiature apprécié des Romains, mais qui a brûlé lors de l'éruption du Vésuve en l'an 79, dont subsistent trois villas antiques, la villa San Marco, la villa Arianna et la villa d'Oplontis, que je visiterai avec bonheur et enfin, plonger encore plus profond dans ces racines, au cœur de Pompéi.

Du côté de maman, née à Marseille le 4 juillet 1928, deuxième enfant d'une fratrie de quatre sœurs, les choses semblent plus simples ; bien que nos grands-parents maternels soient tous les deux nés également à Marseille, les origines de notre grand-mère maternelle nous plongent dans l'est de la France, entre le Jura et la Haute-Savoie, mais nous ne saurons rien de plus…

Si ce n'est que nous avons grandi avec l'histoire d'un fils déshérité de son titre de noblesse pour avoir épousé une roturière, maman prenait plaisir à entretenir cette légende et, malgré le sort réservé à notre aïeul, nous étions tout de même un peu fiers de cette extraordinaire romance qui avait touché notre ascendance… conte ou légende ? Nous nous sommes contentés de la chute d'une particule sans chercher plus loin !

*

C'est l'article publié le 26 avril 2020 sur ma page Facebook qui sera le véritable détonateur de la rédaction de mes souvenirs d'enfance. Initialement, ce post faisait partie de mon habituel réflexe à commenter l'actualité dans une série de publications intitulées *Mon coup de gueule*.

Autrement dit, ce fut une sorte de fil conducteur que j'ai décidé de ne pas retirer, bien conscient que son contenu, qui est une forme d'expression de ma liberté de penser, pouvait heurter certains lecteurs.

Raffaelle Giordano
mon grand-père paternel

Émilienne Thévenon-Rossiaud
ma grand-mère maternelle

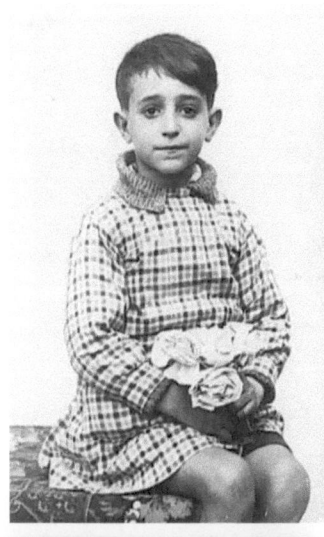

Jean-Marie Giordano
mon père

Maman au 2ᵉ rang, 3ᵉ en partant de la droite

Marie-Rose Coullomb
ma mère

## Dimanche 26 avril 2020

*Carnet de bord d'un confiné à J41…*
*L'école buissonnière…*

À l'origine, *la buissonnière* est une école clandestine se tenant en plein champ… Aujourd'hui, face à la Covid-19, on peut comprendre que certains aient plus envie de prendre la clé des champs !... Après de nombreuses controverses, de dits, de dédits et de contredits et plus particulièrement de non-dits… l'exécutif a annoncé que la nouvelle rentrée scolaire serait prévue pour la semaine du 11 mai. En réalité, il s'agit d'une demi-rentrée, mais au regard des commentaires des professeurs, des syndicats de la profession, comme la CGT qui veut que cette rentrée soit repoussée en septembre, et des parents d'élèves, plutôt hésitants, cela pourrait devenir une non-rentrée… Autrement dit, nous nous dirigeons probablement vers l'école *buissonnière*…

Je ne sais pas pourquoi, mais évoquer l'école buissonnière réveille en moi des souvenirs de mon école primaire, l'époque de *La guerre des boutons*, des culottes courtes et des sandales en plastique. En ce temps-là, pas de mixité, les filles d'un côté et les garçons de l'autre. Pour rentrer en classe, dès que la cloche avait tinté, il fallait se mettre en rang deux par deux dans la cour, en face de sa classe respective et surtout garder le silence. Nous étions parfois plus de trente par classe et on entendait les mouches voler ; il y avait le respect du maître ou de la maîtresse…

Nos pupitres étaient en bois où nous nous tenions à deux, côte à côte, rangés à la queue leu leu sur trois rangs, même taille pour tous, tant pis pour les petits, tant pis pour les grands. Leur plus grande partie était inclinée pour nous faciliter l'écriture et sous laquelle il y avait un casier où nous pouvions glisser livres et cahiers. Sur leur partie haute et plate, il était prévu un aménagement pour poser crayons et porte-plume. À notre droite – tant pis pour les gauchers –, les encriers de porcelaine étaient fichés dans un trou, nous y trempions la plume Sergent-Major de nos porte-plume. Il fallait les remplir de l'encre violette réglementaire qui nous tachait les doigts et faisait des pâtés sur nos cahiers de devoirs, au dos desquels figuraient les tables de multiplication que nous devions apprendre par cœur…

Nous portions tous une blouse, noire de préférence, taillée dans un tissu épais et résistant, nous n'avions pas le souci d'arborer le dernier *survêt'* ou les vêtements de marques de la dernière tendance… cela n'existait pas encore…

Toutes les salles de classe se ressemblaient : il y avait l'estrade sur laquelle se trouvait le bureau du professeur et derrière, le tableau noir avec les craies blanches et de couleurs, ainsi que l'éponge pour le nettoyer, une tâche bien souvent réservée au *chouchou* du prof.

En fermant les yeux, j'entends encore le crissement particulier de la craie sur le tableau noir et je n'ai pas non plus oublié son odeur. Tous les matins, nous avions droit, juste en dessous de la date, à la leçon de morale du jour. C'était, par exemple *Il faut toujours obéir à sa conscience… La politesse ne coûte rien et rapporte beaucoup…Il n'est si bon pain que celui qu'on a gagné…*

Pendu à un mur de la classe, l'inévitable carte géographique de la France, carte physique au recto et carte politique au verso. Autre élément incontournable, le poêle à bois et à charbon qui trônait là, bien en vue avec son tuyau, traversant parfois toute la pièce pour arriver au trou d'évacuation…

Les meilleurs moments de la journée, c'était la pause récréation, et dès que la cloche sonnait, je n'étais jamais le dernier à quitter la salle de classe pour me précipiter dans la cour… On se dégourdissait les jambes en jouant à saute-mouton, à Colin-Maillard, mais le plus souvent, on jouait aux billes ou aux osselets. Rares étaient les jours où il n'y avait pas de bagarre, toutes les écoles avaient leurs caïds…

À cette époque, nous avions trente heures de cours par semaine, repos le jeudi après-midi et le samedi après-midi… Et pour certains, il y avait l'étude gratuite, jusqu'à dix-huit heures…

Et les jours passaient dans la douce quiétude de mon enfance et dans l'attente des périodes de vacances… Mais plus particulièrement… les grandes vacances d'été… je crois que j'étais déjà un doux rêveur !…

Papa et maman jeunes mariés

## Lundi 27 avril 2020

*Carnet de bord d'un confiné à J42…*
*À la recherche du temps perdu…*

Comme je l'ai évoqué dans l'avant-propos, c'est le confinement qui m'a poussé à faire ce voyage intérieur pour mettre à jour mes souvenirs, même les plus intimes… Dans le chapitre précédent, j'ai évoqué les vacances scolaires d'été. Si pour certains, elles étaient synonymes de vacances au bord de la mer ou à la montagne, à l'époque de mon enfance, pour bon nombre d'entre nous, elles signifiaient que la plupart du temps nous resterions à la maison.

Mais avant d'en arriver à cette période de mon enfance, laissez-vous entraîner dans la genèse de mon histoire…

Je suis né le 10 juin 1949 à Marseille, vingt-sept mois avant mon frère Georges et onze ans avant notre sœur Mylène, à quelques encablures de la place Castellane, au n° 71 de la rue Fortuné, aujourd'hui rue Jean Fiole. Impasse Laurana, c'est le nom que j'ai trouvé sur internet, mais j'ignore si la « traverse » de mon enfance s'appelait déjà ainsi.

C'est là que j'ai appris à marcher et à faire du vélo et que se situent mes premiers souvenirs d'enfance. À cette époque, avec mes yeux d'enfants et de toute ma hauteur, cette traverse me paraissait alors large et profonde, ce qui donnait le sentiment d'y vivre des aventures du bout du monde, dans des pays inconnus.

Elle débouchait sur un pré dans lequel tous les enfants se retrouvaient pour jouer en toute sécurité. Un espace de verdure en plein centre-ville pour abriter nos jeux d'enfants sous les regards attentifs des mamans, tandis que leurs hommes refaisaient le monde en fumant une cigarette. Aujourd'hui à la place de notre coin de paradis s'élève un collège…

Mais retournons dans la traverse. Au-dessus de la porte d'entrée de l'immeuble de cinq étages, dont l'escalier conduit à l'appartement que nous occupions au premier, il y a une petite fenêtre qui donne dans la cuisine et sur sa droite, une autre qui donne dans la chambre où nous dormions tous, nos parents, mon frère et moi.

Nous cohabitions avec notre grand-père maternel, qui exerçait la profession d'allumeur de réverbères, ce que l'on appelait aussi falotier. À l'heure venue, variant en fonction des saisons, il commençait sa journée par éteindre les réverbères et il la terminait en les rallumant au crépuscule, en parcourant les rues qui en étaient dotées, mais son secteur était essentiellement situé boulevard Saint-Pierre. Il ne connaissait ni dimanche ni morte-saison et rien ne le détournait de sa promenade quotidienne.

Je l'ai souvent imaginé par tous les temps, portant son échelle sur l'épaule, nettoyant les réverbères, les chapiteaux et les porte-mèches.

Il logeait avec sa femme du moment, Sébastienne, avec laquelle nous n'avions aucun lien de parenté, dans la plus grande pièce transformée en chambre, cuisine et salle à manger… Nous occupions avec mes parents et mon frère, les deux autres pièces, composées de la cuisine et d'une chambre…

Avec mon frère, nous ne bravions jamais l'interdiction de franchir la porte qui séparait ces deux mondes entre lesquels la coexistence n'a pas toujours été facile…

Nous les entendions quelquefois chuchoter, rire et se chahuter, d'autres bruits nous parvenaient aussi, mais ils échappaient à notre imagination d'enfants et nos parents feignaient de ne pas les entendre.

Lorsque nous passions devant la porte interdite, nous ne nous attardions pas. Je crois, sans nous l'être avoué, que nous avions la crainte de goûter à la cravache en nerf de bœuf qui trônait entre l'armoire et la cheminée, c'était le gendarme de notre discipline… Nous n'avons jamais su si notre grand-père en aurait fait usage…mais dans le doute…

Je nous revois avec mon frère Georges, au coin de la traverse, attendant notre père qui rentrait déjeuner le midi. Il remontait la rue Fortuné, poussant son vélo sur le trottoir. Dès que nous l'apercevions dans son bleu de chauffe, la casquette sur la tête et l'incontournable « Gauloise » sans filtre aux lèvres, nous partions le rejoindre en courant et nous montions chacun sur une pédale de part et d'autre du vélo. Mon père poussait l'ensemble dans un effort que nous ne soupçonnions pas…

En 2010, j'ai fait un pèlerinage sur ce lieu de mon enfance. Rien n'avait profondément changé dans la traverse, seul le temps avait fait son œuvre et comblé de nombreuses années l'intervalle entre l'enfant que j'étais alors et l'adulte d'aujourd'hui. Pourtant ce temps-là ne me semble pas si lointain… En fermant les yeux, j'entends encore les cris de nos jeux, la voix de nos parents qui nous appelaient à l'heure du repas…

Les soirs d'été, chacun sortait sa chaise pour prendre le frais et les conversations duraient jusque tard dans la nuit. Je songe à toutes ces personnes qui habitaient dans notre immeuble, dont certains noms sont encore ancrés dans ma mémoire. Comme celui de Mme T. qui faisait le ménage des classes à l'école communale. Je l'accompagnais parfois, et pendant qu'elle était à sa tâche, je remplissais d'encre violette les encriers de nos pupitres (un lien avec mes souvenirs évoqués précédemment) … Il y avait aussi M. et Mme M. qui avaient une automobile, des bourgeois de l'époque… Dans mes souvenirs, je revois une Citroën Traction avant de couleur noire…mais ma mémoire ne me joue-t-elle pas parfois des tours ?

Nous remontons maintenant la rue Jean Fiole. En haut, sur la droite, se trouve la maternelle mitoyenne avec l'école primaire. C'est dans ces deux établissements que j'ai commencé à user mes fonds de culottes sur leurs bancs jusqu'à l'âge de 8 ans…

Sur une photo de mes années de maternelle qui couvrent la période de 1954-1955, il y a également mon petit frère Georges. Mais, celle-ci comporte une erreur dans le nom de l'école qui est inscrit sur l'ardoise et qui m'a toujours fait sourire. J'ignore qui avait porté ces inscriptions, mais il faut rendre à Fortuné ce qui est à Fortuné… Selon une source fiable, en 1890, cette rue s'appela rue Fortuné, du nom de famille du propriétaire du terrain qui en fit don à la ville… Autrement dit, il s'agit d'une infortune… ce sera sans « e », à réserver pour une omelette !…

À l'hiver 1956, nous n'avions pas encore quitté la rue Fortuné. C'est au mois de février qu'une exceptionnelle vague de froid a touché la Provence. Les rues de Marseille étaient enneigées, la Canebière a été dégagée par les pompiers. La fontaine du Palais Longchamp était gelée et les statues frissonnaient sous leur manteau de givre.

Étranges et féériques décors, des stalactites dégringolaient des gouttières et des enfants faisaient des glissades dans les rues recouvertes de verglas. Le vieux port n'échappait pas à la morsure du froid, il y avait des blocs de glace dans la mer et sur les rochers, les bastingages des bateaux étaient givrés. Je nous revois, avec maman et mon frère descendre la rue Fortuné et nous arrêter devant la porte qui menait à l'atelier du cordonnier : durant la nuit, une tuyauterie d'alimentation en eau avait explosé à cause de la forte baisse de la température et une épaisse couche de glace la recouvrait entièrement.

Lors d'une fin d'année scolaire en classe primaire de la rue Fortuné (peut-être la dernière, autrement dit, vers 1958), nous avons participé à un spectacle de dance donné à l'opéra de Marseille. Tous les élèves, filles et garçons étaient habillés en Tyroliens. Je n'ai aucun souvenir de la manière dont les costumes ont été confectionnés et encore moins pour quelle raison ce spectacle a été organisé.

Est-ce que cela faisait partie de l'ensemble de la participation de divers établissements scolaires ? Je ne le sais pas non plus.

Pour la circonstance, j'ai été mis en couple avec la fillette qui figure sur la photo, parce que nous étions inséparables, mais j'ai malheureusement oublié son prénom, il ne figure pas au dos de cette photo et la date de l'événement non plus.

Je ne crois pas avoir mentionné que notre père était chaudronnier. À l'âge de 12 ans, il reçut son premier coup de pied au c*l, de la part du tuteur qui lui apprenait le métier. Cette méthode, aujourd'hui prohibée, n'a pas semé en lui de graine de violence et ne l'a pas empêché de devenir un très bon ouvrier et un bon père qui a durement travaillé toute sa vie pour faire vivre sa famille.

Maman était femme au foyer, son destin semblait être la dévotion à l'éducation de ses enfants… C'est grâce à leurs efforts communs que nous avons pu déménager pour occuper un appartement qui nous a soustraits au joug grand-paternel, situé au 4 de la rue des Trois Mages où j'ai vécu jusqu'à l'âge de 12 ans…

Mais je ne quitterai pas la rue Fortuné sans parler de l'anecdote de mon premier Noël, que notre sœur m'a rappelé lors de la correction de mon tapuscrit.

Papa avait eu, quelque temps auparavant, un accident du travail, une blessure à la main qui ne lui avait heureusement laissé aucune séquelle et pour laquelle il percevait une petite rente. Sans en parler à notre mère, il avait vendu sa pension pour pouvoir me faire un cadeau à l'occasion de mon premier Noël…il m'avait offert un ours en peluche… C'était ça aussi notre père !

Lorsque maman nous racontait cet épisode, nous la sentions fière de lui et très émue… Elle avait certainement été profondément touchée par ce témoignage affectueux que m'avait manifesté notre père.

\*

Je ne terminerai pas le chapitre de la rue Fortuné sans parler aussi des premières vraies vacances passées en famille, avec notre cousine Marie-Claude qui faisait partie du voyage à Saint-Crépin, dans les Hautes-Alpes, où papa a profité de ses premiers congés payés pour nous rejoindre. Nous avions dû y arriver par le train, car, par chance, il y avait une gare qui desservait le village.

Dans cette commune du grand Briançonnais, située dans l'ancienne province du Dauphiné, l'épouse de notre grand-père possédait une maison qu'elle tenait de son père, un certain monsieur Brun – qui n'était pas celui de la trilogie de Marcel Pagnol, *Marius, Fanny et César*. Les appartements étaient situés à l'étage et le sous-sol, probablement l'ancienne étable, servait de remise. Comme la plupart de ces anciennes fermes, il y avait un grand balcon sur lequel nous prenions nos repas lorsque le temps nous le permettait.

Devant la maison, une parcelle de terrain descendait jusqu'à la route. Notre père consacrera du temps sur ses vacances pour y ériger une barrière en bois qui nous protégeait quand nous jouions dans la cour. De la même manière, elle y confinait aussi les poules.

Il nous arrivait d'assister notre grand-mère lorsqu'elle préparait la nourriture des poules, un mélange de graines et de pain, dont j'ai gardé le souvenir de l'odeur qui ne m'était pas désagréable.

C'est aussi là que papa s'est blessé en découpant un lapin avec un couteau dont la lame a glissé sur un os, lui tranchant profondément un doigt…Il a terminé ses congés avec un gros pansement à la main gauche…

Lors des repas, avec son autorité habituelle, notre grand-père nous obligeait à terminer notre tranche de pain, certainement un souvenir des privations de la guerre. Il ne fallait pas le gaspiller. Nous étions dans les premiers jours de nos vacances lorsque je subis pour la première fois les foudres de sa colère, quand, en débarrassant les assiettes on découvrit sous la mienne un bout de pain…

Ce fut sans appel que notre grand-père me força à le terminer. J'avais bien tenté de lui expliquer qu'il ne m'appartenait pas, parce qu'en garçon obéissant, j'avais mangé toute ma tranche… Il n'en fit rien, je dus terminer « mon pain ». Ce fut donc en larmes et victime d'une erreur judiciaire que je m'exécutai…

Cette scène se répéta les jours suivants et à chaque fois, je fus obligé de manger mon « pain noir », en pleurant à chaudes larmes… Cependant, cette mésaventure à répétition devait l'intriguer. C'était oublier que notre grand-père était futé comme un renard… Au cours d'un repas suivant, nous ne nous rendîmes pas compte qu'il s'était mis en mode observation… et c'est alors qu'il surprit notre cousine en train de glisser son bout de pain sous mon assiette... Le pot aux roses était enfin découvert, il me fit ses plus plates excuses. Il était coléreux, mais juste. Notre cousine M-C en fit les frais... Le reste des vacances passa sans qu'il me fût besoin de terminer le pain de la discorde...

*

Quelques années plus tard, je rendais visite à notre « grand-mère Sébastienne » pour lui présenter M... ma première femme. C'est là que je revis, posée sur un guéridon, la plus belle pipe de notre grand-père maternel. C'était celle qui représentait un vieux poêle à charbon comme il en trônait dans les classes d'écoles de notre enfance.

J'avais obtenu de Sébastienne l'autorisation de la tenir dans mes mains... Je regardais ce trésor de mon enfance avec une profonde émotion. À cet instant, il me semblait qu'elle me connectait à notre grand-père maternel. Je l'imaginais alors, lisant son journal du matin, assis dans son fauteuil et tenant sa lourde pipe dans une main, portant à sa bouche le tuyau de bakélite noire, le pinçant avec ses lèvres et émettant des « pop ! pop ! pop ! », en tirant sur le fourneau pour porter le tabac à incandescence, avant d'exhaler un nuage de fumée qui stagnait autour de lui et embaumait la pièce de sa forte odeur de tabac gris...

J'aurais tant aimé emporter cette pipe et, dans l'objectif d'assouvir ce désir, j'ai demandé à Sébastienne si, en souvenir de mon grand-père, elle consentirait à me l'offrir. Mais, sachant que notre attachement l'un à l'autre n'avait tenu que durant l'existence de mon grand-père, je ne devais pas m'attendre à une quelconque forme d'empathie de sa part à mon égard.

Sans surprise, un « non ! » tranchant et cinglant tomba. J'ai regardé une dernière fois la pipe de mon grand-père et c'est avec regret que je l'ai tendue à Sébastienne, tout en sachant que ce souvenir familial m'échappait à jamais…

*

Gérard, vers 2 ans
et un peu plus tard…

Gérard avec ses parents

Georges, dans la rue et avec le Père Noël

1953 – 1954
École maternelle de la rue Fortuné
Gérard au 2e rang, 4e à partir de la droite

1954 – 1955
École maternelle de la rue Fortuné
Gérard au dernier rang, 4e à partir de la droite
Georges au 2e rang, 5e en partant de la droite

4 juin 1955
Lors d'un spectacle à l'opéra de Marseille
Il est regrettable que le nom de la petite fille qui me donne
la main ne figure pas au dos de la photo

1959 – 1960
École de la rue Albert Chabanon
Gérard au milieu du 2ᵉ rang
Georges assis au 1ᵉʳ rang, 4ᵉ en partant de la droite

## Mardi 28 avril 2020

*Carnet de bord d'un confiné à J43…*
*À la gloire de notre père !...*

À la maison, ce n'était pas la vie de château, mais nous n'avons jamais senti le manque de quoi que ce soit et plus particulièrement d'amour, dont nos parents nous comblaient.

Le déménagement a été réalisé par mon père avec une charrette à bras pour transporter toutes les affaires et le mobilier, lequel se résumait à très peu de choses. Tandis qu'avec mon frère, ma mère et mon « Nounours » sous le bras – secrètement conservé des années après l'avoir sauvé du panier à ordures et que j'ai encore aujourd'hui, nous avons le même âge –, nous sommes partis à pied vers notre nouveau domicile.

Une bonne marche de quarante-cinq minutes pour couvrir 1,7 km qui nous séparait du nouvel appartement familial. Un trajet que nous commençons en descendant la rue Fortuné, puis la rue Paradis pour rejoindre le cours Lieutaud après un dédale de rues jusqu'au cours Julien pour enfin remonter la rue des Trois Mages, jusqu'au n° 4.

Après avoir gravi les trois marches en grès polies par le temps et qui nous tenaient à distance de la porte d'entrée, après avoir donné les premiers tours de clé dans la serrure, nous avons pénétré dans un couloir faiblement éclairé, au fond duquel, droit devant nous, se dressait la porte de notre nouveau domicile.

Nouveaux tours de clé, la porte a pivoté sur ses gonds et s'est ouverte sur la première pièce qui deviendra la cuisine, avec, dans son prolongement, un réduit de 6 m$^2$ et sur la droite une grande pièce, qui sera là aussi, notre chambre commune.

Ces deux pièces et demie étaient en fait mitoyennes avec un magasin de vêtements pour enfants de 0 à 10 ans, auquel nous accédions par une porte située dans la cuisine et qui donnait dans l'atelier de confection. Autrement dit, nous allions désormais loger dans une arrière-cour viabilisée… sans fenêtre sur l'extérieur…

Une seule ouverture vers l'air libre était ménagée dans la toiture du réduit et donnait, en empruntant une échelle, accès à une terrasse sur laquelle Maman étendra les lessives.

C'est le seul refuge où le soleil ne pénétrait jamais que nos parents avaient trouvé pour échapper aux colères quotidiennes de notre grand-père maternel…

Mais la réalité était toute autre. En échange de notre installation dans cette arrière-boutique transformée en logement précaire, nos parents devenaient les concierges du magasin. Tous les matins, avant son départ pour l'usine, notre père devait ouvrir les vantaux de bois qui protégeaient la devanture et la vitrine, comme il devait les refermer tous les soirs…

De son côté, maman devait faire le ménage de l'espace de vente et de l'atelier de confection. Il lui arrivait aussi, comme elle l'avait fait dans sa jeunesse, d'y travailler à la réalisation de smocks, fronces rebrodées sur l'endroit du tissu, qui ornaient les robes de petites filles. Mais tous les matins, maman devait accueillir la propriétaire des lieux, qui, pour accéder au magasin, devait passer par l'appartement. Ce qui nous a le plus perturbés dans cette entente… c'était que nous devions partager nos toilettes avec les employées du magasin…

La rue des Trois Mages, où nous logions désormais, est coincée entre le cours Julien, la place du marché provençal sur laquelle nous jouerons avec nos « carrioles », l'ancien « ventre de Marseille » qui a perdu sa vocation en 1972 et « La Plaine », plus connue sous le nom de place Jean Jaurès… haut lieu historique.

Le changement de domicile impliquait également le changement d'établissement scolaire et nous étions désormais inscrits à l'école communale de la rue Albert Chabanon, avec de nouveaux professeurs et de nouveaux copains… C'est là que j'en rencontrerai certains, avec lesquels je partagerai la même classe avant de partager les jeux dans le jardin public situé juste en face du n° 4 de la rue de Trois Mages.

Ce nouvel espace de jeux qui domine l'École des Beaux-Arts sera baptisé *le jardin des chats* à cause de la présence abondante de l'espèce féline.

De nombreux souvenirs habitent encore ce jardin où nous avons partagé tant de choses. Les amis perdus de vue, comme Marcel C., que j'appelais « Marsupi l'ami », un petit clin d'œil en référence à la célèbre bande dessinée dont j'étais un fan lecteur, sa sœur Janine, ma première « fiancée », nous étions toujours ensemble et Marcel nous surveillait de son œil fraternel.

Le dimanche après-midi, il nous arrivait d'aller au cinéma avec nos parents, nous nous tenions par la main, et rien de plus qu'une bise sur la joue... C'était déjà une chose importante à cette époque.

Il y avait aussi Léopold, dont nous avons fait la connaissance un 26 décembre. Il était affublé d'un costume de Robin des Bois, cadeau reçu à la Noël. Il avait cassé son arc en sautant le mur du jardin supérieur pour nous rejoindre. Nous avons fait notre première communion ensemble, il nous a quittés bien trop tôt, je n'ai jamais su par quelle maladie il avait été emporté. Et puis Josiane, sa sœur, une très jolie blondinette. Et encore bien d'autres amis d'enfance, dont les noms se sont perdus dans les méandres de ma mémoire. Je me souviens plus particulièrement de ces quatre-là, parce que nous étions toujours ensemble pour faire les quatre cents coups…

Dans la partie supérieure du jardin trône la fontaine Espérandieu du Palais des Arts, réalisée par Jules Cavalier. Située dans le prolongement de l'école de musique, cette fontaine présente plusieurs registres. Au centre, un mascaron féminin dont la chevelure est ornée de putti, des angelots nus et ailés, qui aurait dû déverser de l'eau, que nous n'avons jamais vu couler, dans une grande vasque.

Elle a pris une part importante dans nos jeux. Citadelle imprenable, elle fut le témoin de combats d'épées faites de bois, que nous nous livrions dans nos armures, avec casques et boucliers de carton. Marcel avait taillé son épée dans un bois si solide qu'il mettait en pièce les nôtres, une vraie Durandal… Il était un peu notre Roland, il semblait invincible lors de nos affrontements et nous n'étions pas près de le trahir, tant nous craignions sa force…

Nous combattions comme de preux chevaliers sous les regards amusés des filles. Je me battais dans de fougueux duels pour offrir à Janine les lauriers de la victoire… Mais bien souvent, mon épée se brisait avant la fin de nos tournois. Je me retirais vaincu et blessé dans mon amour propre, n'osant pas la regarder de crainte de l'avoir déçue et de perdre ma promise…

Nous traversions le jardin en brandissant nos étendards de chiffons colorés aux armoiries peinturlurées, chevauchant des montures imaginaires, parées des plus beaux harnachements, tout aussi imaginaires, dans de folles chevauchées pour lancer notre charge contre des forteresses encore plus imaginaires… Nous refaisions l'histoire de nos rois de France… Et je ne savais pas encore que j'aurais pu arborer les armoiries de Thorens de La Forest…

Nous disposions d'un autre terrain de jeux, La Plaine… Pour nous y rendre, il nous fallait monter par la rue des Trois Rois, prolongement de la rue des Trois Mages. C'était l'un des plus grands marchés non alimentaires de Marseille, la fête foraine s'y est aussi installée quelquefois. Il était possible d'en faire un tour en carriole tractée par un âne et pour le ravissement des petits et des grands, il y avait aussi le théâtre de Guignol. Le reste du temps, elle nous offrait un immense espace pour nos courses de patins à roulettes… L'anglicisme n'avait pas encore fait son œuvre… aujourd'hui, on parlerait de « roller »… et sur nos vélos, nous revivions aussi les étapes du tour de France…

*

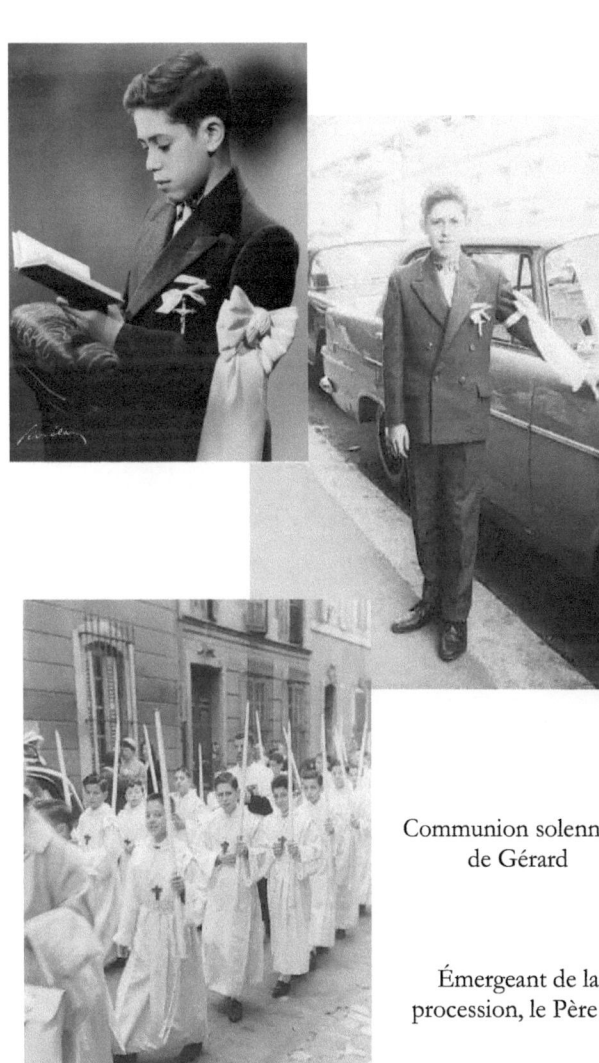

Communion solennelle de Gérard

Émergeant de la procession, le Père R.

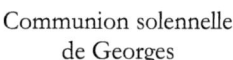

Communion solennelle
de Georges

## MERCREDI 29 AVRIL 2020

*Carnet de bord d'un confiné à J44…*
*À la gloire de notre père (suite)*

Si les souvenirs affluent à la pelle, c'est parce que j'ai vécu mon enfance en pleine conscience et non comme un spectateur indifférent aux événements qui défilaient. Certes, nous n'en avions pas la maîtrise et même parfois nous les subissions… Mais ma vie a continué à s'écouler entre deux parents aimants et protecteurs, de rentrées scolaires en grandes vacances.

Autant vous l'avouer, j'avais du mal à poursuivre mes études. Je vivais sur mes acquis sans me forcer pour les enrichir… Avec mes études, nous n'allions probablement pas dans la même direction… En ce qui me concerne, on aurait pu associer mon comportement, à un délit de fuite…

Bien qu'élève moyen, il m'est arrivé d'être une fois le premier de ma classe… J'ai toujours soupçonné mes petits camarades de l'avoir fait exprès… Cela ne s'est d'ailleurs jamais reproduit, je n'allais pas plus loin que la dixième place, en avant comme en arrière… Je tenais fermement le frein à main bien serré…

Mais avant cet exploit, je n'avais de cesse de réclamer à nos parents l'achat d'un poste de télévision. Lasse de mes piètres résultats scolaires, notre mère avait lancé, trop sûre d'elle, pensant ne pas prendre trop de risques dans son engagement : « si au prochain trimestre tu es le premier de la classe, je te promets d'acheter un poste de télévision ! »

Qu'à cela ne tienne ! Ce que ma douce et tendre mère ignorait... c'est qu'il ne faut jamais me lancer de défi... je suis capable du pire... mais aussi du meilleur ! Et ce qui devait arriver arriva. Maman ayant toujours mit un point d'honneur à tenir ses promesses a bel et bien acheté un poste de télévision.

C'est ainsi que nous avons vu débarquer dans notre équipement cet élément hyper luxueux pour l'époque, alors que nous occupions un logement plutôt précaire et dénué de confort. C'était un énorme poste de télévision en bois laqué dont je n'ai aucun souvenir de la marque et qui dénotait parmi les meubles rudimentaires que nos parents possédaient. Ce décalage m'a toujours amusé.

Il s'agissait d'un appareil de location, bien que le mot « crédit » fut un gros mot à la maison. Pour pouvoir allumer le téléviseur, il fallait mettre une pièce de un franc dans un monnayeur fixé sur le côté de l'appareil, cette dîme nous donnait le privilège de regarder une heure d'émission sur l'une des deux chaînes en service.

Mais, pour avoir la certitude de suivre un programme en intégralité, il valait mieux prévoir quelques pièces... C'est de cette manière que nous avons fait la découverte, en noir et blanc, de « La Piste aux Étoiles », présentée par Roger Lanzac, alias Monsieur Loyal, de « Discorama », animé par Denise Glaser, du « Petit Train », un interlude créé par Maurice Brunot, qui faisait patienter les téléspectateurs en cas de problème technique ou lorsque les programmes étaient en décalage avec l'horaire prévu. Chaque wagon présentait le fragment d'un rébus qu'il fallait résoudre. Le journal télévisé présenté par Léon Zitrone, « Âge tendre et tête de bois », une nouvelle émission de variétés sur la musique yé-yé, proposée aux plus jeunes et présentée par Albert Raisner, l'un des frères du formidable trio d'harmonica qui faisait un triomphe à l'époque. « La Caméra invisible », de Jacques Rouland, avec Jacques Legras, « Au Théâtre ce soir », conçu par Pierre Sabbagh... et bien d'autres émissions, sans oublier le sourire des speakerines : Catherine Langeais, Jacqueline Huet ou Jacqueline Caurat... Et une célèbre Denise Fabre qui faisait ses débuts... que les moins de 50 ans ne peuvent pas connaître...

C'est dans ce nouvel appartement et à la surprise générale que ma sœur a été conçue... onze ans après ma naissance et neuf ans après celle de notre frère Georges... Nos parents veillaient à ce qu'il n'y ait aucune différence entre nous, cela se nichait également dans nos prénoms... Gérard et

Georges... associés à notre patronyme, cela donnait... GG... pour les deux garçons, pas de jaloux... Il fallait donc, si le nouveau bébé devait être un garçon, rester dans la même logique : Guy, Gustave, Gabriel et pourquoi pas Gontran ou Godefroy ? ... Mais, si c'était une fille ? Mon père se prénommait Jean-Marie et ma mère Marie-Rose... Il fallait que la rime suive le rythme... Nos parents ont fait le choix d'associer le prénom de Marie avec un trait d'union... Christine, c'était déjà pris par une cousine, Thérèse, Claire, Françoise ? C'était sans compter sur le côté mystique de maman, qui aurait, une nuit au cours de sa grossesse, vu en songe la Vierge Marie... Le lien était établi, trouver dans les saintes Écritures le prénom qui pourrait le mieux convenir. Il en fut un qui s'imposa sans aucune ambiguïté... ce fut Marie-Madeleine... qui vit le jour le 22 février 1960, au n° 4 de la rue des Trois Mages, cela ne s'invente pas... Et pour compléter la petite histoire sur le sujet, notre patronyme signifie *Jourdain* en italien, ce qui est également le nom du fleuve où fut baptisé Jésus... Autrement dit, notre sœur allait devoir porter toute sa vie une référence on ne peut plus biblique...

Porter le prénom du personnage le plus controversé des Évangiles, ce ne sera pas le seul chemin de croix de notre petite sœur. Mais aussi son diminutif, « Mylène », combien de fois aura-t-elle entendu le fameux « Mi-laine... Mi-coton » ?...

Mais cela ne l'empêchera pas d'être une double fierté pour notre père, né le 24 du même mois, trente-quatre ans auparavant... et d'être une fille après ses deux garçons.

Notre père travaillait à la Capelette, un quartier situé dans le X$^e$ arrondissement de Marseille et à quatre kilomètres de notre rue, dans une usine de production de glycérine et autres dérivés, comme la copie de la pâte Arma. Qu'il pleuve, qu'il vente ou qu'il neige, papa faisait l'aller et le retour avec son vélo. Jusqu'à ce que la trésorerie familiale permette l'achat d'une mobylette. Quand on le questionnait sur son travail, il disait : « Je travaille à *la Glycérine* », c'était son raccourci qui devait être une évidence pour tout le monde. Je n'ai jamais su qu'elle était la réelle production de cette usine...

En sa qualité de chaudronnier, armé de son chalumeau, il était affecté à l'entretien de toutes sortes de réseaux de tuyauterie qui traversaient l'usine en tous sens. Mais il faisait principalement partie de l'équipe de la chaufferie, où ronflait une énorme chaudière, dont le mois d'août, qui marquait invariablement l'arrêt annuel de l'usine, en permettait le gros entretien.

Notre père était de petite taille, il ne dépassait pas 1,63 mètre pour 50 kilos, et encore, tout mouillé. À l'usine, il était le seul capable de pénétrer dans des silos ou des cuves, par des ouvertures de faible diamètre, c'est pour cela que ses collègues de travail l'avaient surnommé « microbe ».

Durant les étés 62 et 63, je fus embauché pour deux mois comme manœuvre auprès de notre père et à ce titre, il m'avait confié son lot de jetons qui permettaient d'emprunter certains outils auprès du magasinier. J'étais plus que fier d'effectuer cette haute mission de confiance.

C'est là aussi que j'ai découvert ce dont était capable notre père. Pour entretenir la chaudière et débarrasser les serpentins dans lesquels avait circulé une eau chargée d'argile, après l'avoir vidée, il devait entrer dans le ventre du chauffe-eau et passer un gros flexible sous pression hydraulique, muni d'une fraise pour briser les dépôts de terre qui s'étaient agglutinés dans le circuit de la tuyauterie.

À chaque pause, il en ressortait dégoulinant d'eau boueuse dont il se débarrassait au jet d'eau dans la cour, puis il passait aux vestiaires enfiler une salopette propre pour replonger dans le ventre de la chaudière.

La première fois que j'ai vu notre père s'engager dans l'étroite ouverture, une profonde angoisse m'a saisi à la gorge. Comme s'il avait senti mon inquiétude, avant de disparaître, il a tourné la tête vers moi et m'a adressé un clin d'œil qui voulait dire : « n'aie aucune crainte fiston, à tout à l'heure ! »…

Bien que cette opération de nettoyage fût supervisée par un ingénieur de l'usine, je restais en faction devant ce mastodonte de tuyaux et de manomètres qui avait avalé mon père, dont la voix nous parvenait comme un lointain écho sorti d'une caverne... et j'étais soulagé à chaque fois qu'il s'en extrayait.

Avant qu'elle ne soit mise en sommeil, j'avais entendu cette gigantesque machine ronfler et ronronner sous l'œil attentif de l'équipe d'ouvriers qui se relayaient toutes les huit heures, de jour comme de nuit, surveillant la pression qui ne devait jamais atteindre la zone rouge... signe de danger et de risque d'explosion...

Par un hublot au verre épais, on pouvait apercevoir le gros brûleur cracher l'hydrocarbure enflammé qui faisait penser aux feux de l'enfer...

Les années suivantes, lorsque le mois d'août arrivait, je pensais que notre père allait de nouveau replonger dans la mangeuse de papa...

Papa, c'était l'iceberg de la famille, ce qui ne signifie pas qu'il était d'une froideur hors du commun dans ses rapports humains. Il était dur au travail, dur en sentiments, mais nullement dépourvu de la fibre paternelle. Nous ne connaissions de lui que la partie qu'il laissait émerger de son être. Il était l'homme le plus secret de notre noyau familial. Mes grands-parents paternels sont arrivés depuis l'Italie bien avant sa naissance et nous avons toujours pensé que leur départ était lié au régime politique en place à l'époque, alors qu'en réalité il n'était qu'économique. Le *silenzio sull'argomento* de notre père nous avait toujours fait imaginer que notre grand-père paternel avait fui l'Italie pour d'obscures raisons... Il décédera dans un accident de la circulation au guidon de sa moto... *silenzio sull'argomento*... Papa était le septième de neuf enfants nés vivants de sa fratrie – je vous fais grâce des fausses couches – qui comptait sept filles et deux garçons.

Un chiffre circulait à l'époque : notre grand-mère paternelle aurait eu douze enfants... Nous ne connaissions que trois de ses sœurs et le tout dernier, l'oncle Louis, que nous appelions tonton Loulou, un bel homme qui portait de belles moustaches. Avec papa, ils se ressemblaient comme deux gouttes d'eau. Nous ne nous fréquentions pas et nous nous rencontrions que trop rarement... là aussi... *silenzio sull'argomento*...

Nous ne savons que trop peu de choses le concernant. Il avait été un temps militaire... puis il était parti vivre dans les Alpes, sans doute à Digne, à Castellane, à Manosque ou à Sisteron. Par des bribes de conversations captées entre nos parents, nous avions appris qu'il avait rencontré quelqu'un avec qui il avait eu des jumelles... que nous n'avons jamais rencontrées... là encore... *silenzio sull'argomento*...

Et toujours par le même moyen de communication, un jour, nous avons appris que la gendarmerie l'avait retrouvé chez lui et qu'il était décédé depuis quelques jours... Nous ne saurons rien de plus... toujours à cause du... *silenzio sull'argomento*...

*

Baptême de Mylène

Saint-Crépin
Papa, Sébastienne, maman,
Georges, Gérard et une cousine

Saint-Crépin
Papa, Gérard, Georges et une cousine

## Jeudi 30 avril 2020

*Carnet de bord d'un confiné à J45…*
*Des rameaux à Pâques…*
*Une hirondelle ne fait pas le printemps et au pas cadencé…*

Maman n'était pas une grenouille de bénitier, mais, comme le veut la tradition pascale, elle ne ratait jamais la messe du dimanche précédant celui de Pâques. Avec notre frère, nous l'accompagnions à la paroisse de Notre Dame du Mont, car maman voulait rapporter à la maison une branche d'olivier que le prêtre avait béni et il nous fallait patienter dans la longue file des fidèles de circonstance et occasionnels pour obtenir le symbole de la précieuse protection.

Aussitôt de retour, maman retirait du crucifix accroché au-dessus du lit parental le brin d'olivier de l'année précédente, qu'il fallait brûler, pour le remplacer par le nouveau rameau, dont le seul pouvoir que nous attendions de lui était de protéger la maison et ses occupants pendant toute une année… comme à chaque rituel pascal…

Mais, pour mon frère et moi-même, les seuls rameaux qui retenaient notre attention, c'étaient les petits arbustes de papier coloré et brillant où, au bout de chaque branche, se balançaient des fruits confits, des sucreries, des chocolats et des petits jouets, que nos parents avaient préparés la veille au soir en nous envoyant nous coucher plus tôt que d'habitude.

Il n'y avait pas de porte pour séparer la chambre commune du reste de l'appartement. Les bruits du papier qu'on froissait nous parvenaient et nous laissaient imaginer des préparatifs qui nous enchanteraient au matin suivant. Nous nous endormions dans l'espoir que la nuit passe à vive allure.

Premier levé, je passais la tête dans le petit réduit mitoyen à notre chambre et, levant les yeux, je restais bouche bée devant les deux majestueux rameaux de papier argenté pendus au plafond, dont les branches pliaient sous le poids des surprises que nous allions bientôt découvrir…

Une année que je fus suffisamment grand, je pus, en m'élevant sur la pointe des pieds et en tendant un bras, atteindre l'un d'eux. Je le fis tourner pour mieux découvrir ce qu'il contenait. Georges m'avait suivi, émergeant tout juste d'un sommeil profond et tenant dans sa main gauche son nounours qu'il faisait traîner sur le sol. Les cheveux hirsutes et encore perdu dans ses rêves, de sa main droite il se frottait les yeux qu'il peinait à ouvrir.

Les deux rameaux étaient à l'identique, rien ne les différenciait, mais je demandais à mon frère d'en choisir un que je lui décrochais. En essayant de faire le moins de bruit possible, nous entreprîmes de défaire tous les petits paquets qui les ornaient.

Alertée par le crissement du papier cellophane qui enveloppait les cadeaux, maman apparut, plus belle que jamais, mais au regard qu'elle posa sur nous, j'ai compris que, malgré son sourire, elle était déçue que nous ne les ayons pas attendus pour partager notre joie…

Le dimanche suivant célébrait Pâques, bien qu'on ne crût plus à la légende, nous ne doutions pas que les cloches étaient passées par notre maison à leur retour de Rome et qu'elles avaient déposé leurs offrandes de chocolat. Ne souhaitant pas lire de nouveau de la déception dans les yeux de notre mère, nous avons patiemment attendu que nos parents soient levés pour découvrir ensemble ce que les cloches enchantées avaient apporté.

Par le peu d'espace que nous réservait notre logement, il n'y avait pas de chasse aux œufs qui nous attendait, les friandises pascales étaient déposées, bien en évidence, sur la table de la cuisine.

Nous ne partagions pas de repas traditionnel en famille, ce dimanche était identique à un autre dimanche. La seule visite que nous recevions ce jour-là en fin d'après-midi était celle de ma marraine Louisette, la sœur aînée de maman, qui nous apportait les œufs en chocolat que les cloches avaient aussi déposés dans son jardin… Nous avions constaté que, plus la famille s'agrandissait en nombre d'enfants, plus la taille des œufs diminuait…

Mais peu importait la quantité de chocolat, ma gourmandise finissait toujours par me conduire à une dyspepsie, plus connue sous le nom de crise de foie…

Je savais qu'à partir de cette époque nous basculions vers la fin de l'année scolaire, que les beaux jours n'allaient pas tarder à arriver et qu'il me fallait patienter jusqu'aux grandes vacances pour que, dès que le temps me le permettrait, tôt le matin, je traverse la rue pour filer dans *le jardin des chats*, m'allonger sur un banc de pierre pour scruter le ciel en dissimulant mon impatience.

Attendre jour après jour, le nez pointé vers le ciel, même si la luminosité faisait danser devant mes yeux de petites taches blanches à me brouiller la vision, je les attendais ! Jusqu'à ce que… m'exclamant à leur vue… Ça y est ! Elles sont revenues !... Les hirondelles sont enfin de retour ! Dans un tourbillonnement frénétique, quelques oiseaux zébraient le ciel d'azur de leur vol irrégulier et, fermant les yeux, j'écoutais fébrile, les premiers piaillements qu'elles lançaient dans leurs folles poursuites.

Elles passaient au-dessus de moi comme pour me saluer, moi le doux rêveur qui avait hiberné et qui revenait à la vie pour retrouver les sensations ensommeillées jusqu'alors.

J'ai toujours été sensible aux variations des saisons, mais plus particulièrement à l'arrivée du printemps. Cette période de l'année reste, du moins pour moi, la plus belle. Il ne fait plus froid, mais le fond de l'air est encore juste assez frais pour tenir à distance les grosses chaleurs. Le temps idéal, quoi ! Et puis, c'est le réveil de la nature. La fête des couleurs.

Il suffit de regarder autour de soi pour s'imprégner de ce changement qui nous engage à la joie et au bonheur de l'arrivée des beaux jours. Je me sentais alors de connivence avec la nature. À ces signes annonciateurs, mon cœur se gonflait d'une joie profonde…

*Le jardin des chats*, dont la moindre parcelle de verdure renfermait pour moi des merveilles, était planté d'arbustes dont les branches commençaient à se parer de bourgeons, puis de jeunes feuilles au vert tendre, qui deviendraient un magnifique et épais feuillage verdoyant, lequel s'étendrait tout autour du tronc pour nous offrir la meilleure ombre de nos journées d'été.

Je me revois courant dans l'allée centrale bordée de magnifiques et odorants rosiers, impatient de tourner autour de l'acacia qui trônait majestueusement au fond du jardin, refuge de toutes sortes d'oiseaux dont les chants égaillaient les journées. Au plus chaud de l'été, je venais m'abandonner aux rêveries de mes lectures sous la fraîcheur de son imposant feuillage qui gardait aussi un peu de fraîcheur à l'eau de la petite fontaine.

Il m'arrivait de m'appuyer tendrement à son tronc. Collant une oreille contre l'écorce rugueuse, je croyais entendre les battements de son cœur qui poussaient avec force la sève dans ses veines. Il me semblait si vivant… Il n'y avait que les jours de grand mistral qui me tenaient à distance du jardin des chats…

Si maman s'occupait de notre scolarité, papa faisait de son mieux pour nous donner de son temps. Notre proximité avec La Canebière nous a offert l'une de nos plus belles complicités. C'était au soir d'un 13 juillet, nous sommes partis entre hommes, avec mon frère et mon père. Formant un trio joyeux, nous descendions pour participer à notre première retraite aux flambeaux. Traditionnel grand défilé nocturne qui s'inscrit dans la volonté d'ancrer la célébration du 14 juillet dans le souvenir de la prise de la Bastille, rappelant les flambeaux que portaient les émeutiers. Je n'ai pas gardé le souvenir que nous tenions dans nos mains des torches ou des lanternes multicolores. D'un pas cadencé, nous avons arpenté les pavés de La Canebière au son d'une fanfare jusque tard dans la nuit. Emportés par la liesse populaire et fraternelle, nos yeux pétillaient de joie et de bonheur. Nous sommes rentrés avec la promesse d'assister le lendemain matin au défilé militaire, puis, une fois dans mon lit, j'ai cherché le sommeil au son des trompettes et des tambours qui nous avaient accompagnés.

Le lendemain, papa avait tenu parole en nous réveillant de bonne heure. Après un rapide petit déjeuner et une toilette sommaire, casquette vissée sur la tête pour nous abriter du soleil de juillet, nous étions aux avant-postes, impatients du départ d'un défilé que nous attendions grandiose. Comme chaque année depuis 1880, Marseille fête le 14 juillet dès le matin par son défilé militaire. Juste devant nous, un impeccable alignement de soldats disciplinés qui maniaient leurs fusils dans un mouvement sans contretemps, sous les ordres d'un chef dont la poitrine était ornée de nombreuses médailles scintillantes sous le soleil…

Quand de sa voix puissante, il lançait :
— Garde à vous ! les talons claquaient ensemble dans un son uni…

Puis :
— Arme à l'épaule ! les fusils s'élevaient dans un seul geste…

Suivi de :
— Arme au pied ! les crosses des fusils claquaient sur le pavé d'un bruit sec et métallique…

Et enfin :
— Repos !… les soldats prenaient la pose sous les applaudissements…

Nous pouvions lire la satisfaction de la démonstration accomplie sur le visage de leur chef… Nous étions émerveillés par tant de discipline.

Il en a été ainsi durant toute la grande parade militaire, troupes à pieds, motorisées, véhicules légers ou lourds…canons, chars d'assaut…sans oublier nos soldats de la Légion étrangère, venus d'Aubagne avec leur marche particulière, copieusement applaudis…

Cette magnifique journée ne pouvait pas se terminer sans que nous assistassions au feu d'artifice tiré sur le Vieux-Port. C'était bien sûr le meilleur endroit, envahi par une marée humaine qui ne voulait rien rater, car une bonne partie du spectacle était tirée depuis le plan d'eau, au cœur du Lacydon. Le début du spectacle pyrotechnique fut annoncé pas trois puissantes détonations… boom !… boom !… boom !… qui ont fait trembler le sol sous nos pieds. Puis dans un sifflement, les premières fusées se sont élevées dans l'obscurité de l'été. Commencèrent alors les explosions lumineuses et colorées de gerbes multicolores qui illuminèrent le ciel, de celles qui font le bonheur des petits comme des grands depuis des lustres.

J'ai contemplé ce spectacle avec mes yeux d'enfant en me demandant quel pouvait bien être le grand mystère de cette alchimie détonante qui permettait à la poudre à canon d'exploser en pluie de poussière lumineuse…

L'objectif de notre soirée était aussi de ne pas rater le clou du spectacle, l'embrasement de l'abbaye Saint-Victor et du fort Saint-Jean... sans oublier le bouquet final. Ce fut la dernière image que nous emportâmes et qui restera gravée dans nos mémoires. Nous l'avions attendue, féerique, grandiose, gigantesque, éblouissante de lumières et de couleurs dans un enchaînement de sifflements et de détonations... jusqu'à ce que trois nouvelles puissantes explosions viennent marquer le point final. La foule alors a fini par se disperser dans un tonnerre d'applaudissements...

Remontant la Canebière, nous avons été attirés par des airs de bal musette en provenance du cours Saint-Louis. Sur l'estrade dressée pour la circonstance, un petit orchestre dont l'accordéoniste semblait déborder d'énergie, entraînait une foule de joyeux danseurs dans une valse musette effrénée. La joie, le bonheur et l'insouciance des années 60 pouvaient se lire sur tous les visages. J'attendais que notre père entraînât maman dans les pas d'un tango argentin... mais rien de la sorte ne se produisit...

Nous sommes restés à écouter quelques morceaux de musique et nous laisser bercer par la respiration syncopée de l'accordéon. J'observais discrètement notre mère du coin de l'œil et je voyais bien aux balancements de son corps qui faisaient tourner sa robe légère aux couleurs pastel qu'elle avait envie de s'envoler et de tournoyer dans les airs en se laissant emporter par les flonflons de la fête. Je l'aurais bien emmenée au milieu de la piste pour danser au creux de ses bras, j'étais alors bien trop timide pour me lancer et j'imaginais les rires moqueurs de spectateurs surpris par mon audace.

Mais il se faisait tard, notre frère, que le tintamarre de l'orchestre ne dérangeait pas, s'était endormi dans les bras de notre père et moi, je me laissais traîner à regret par maman, qui me tenait par la main… le chemin du retour serait bien long jusqu'à la maison…

*

## Vendredi 1ᵉʳ mai 2020

*Carnet de bord d'un confiné à J46...*

À cette période de la rue des Trois Mages, avec mon frère, nous avions envisagé que, durant les grandes vacances, nos parents allaient nous laisser profiter de longues grasses matinées et vaquer à notre oisiveté le reste de nos journées... C'était commettre une grossière erreur d'anticipation. Pour contrecarrer cette éventualité, nous ignorions qu'ils avaient pris certaines dispositions à notre égard et que nos vacances se passeraient dans un patronage, centre aéré de notre époque...

Cette perspective ne nous avait même pas effleuré l'esprit. Et c'est d'une manière résignée et empreinte de désespoir que de huit à dix ans, nous avons partagé les jeux, la contrainte et les rigueurs de l'univers d'un centre de jeunesse...

Mais, la difficulté avec maman, c'était qu'en fonction d'impératifs qui nous échappaient, ses choix pouvaient ne pas durer et nous pouvions être inscrits ici ou là, sans préavis... Nos parents ne possédaient pas de véhicule, de ce fait, la plupart de nos déplacements s'effectuaient bien souvent à pied.

Il n'était donc pas envisageable de nous laisser faire le trajet tout seul, un élément que maman, dont le ventre commençait à s'arrondir, devait prendre en compte pour trouver le meilleur compromis à notre point de chute... c'était bien le mot approprié, car nous allions tomber de haut !...

Timon David, situé boulevard de la Libération à Marseille, dont la devise du père fondateur est « Ici on joue, ici on prie » serait notre première expérience en la matière, nous y découvrirons lequel de ces deux préceptes tenait la plus grande place pour remplir nos journées...

Et c'était sans compter sur la présence de prêtres « rigoristes » et « inquisiteurs », qui se chargeaient d'appliquer la ligne directrice du centre : la connaissance et l'amour de Dieu, pour nous faire parcourir notre chemin de croix... Je dois avouer que nous ne pensions pas passer nos vacances dans la dévotion et que nous serions obligés de suivre le rythme des messes journalières...

Compte tenu de notre heure d'arrivée au centre, nous échappions aux matines, aux louanges et à la prime... mais nous ne passions pas au travers de la tierce ni des vêpres... À l'entrée de la chapelle, nos missels étaient rangés par ordre alphabétique dans des casiers en bois. Les châtiments du ciel tombaient sur celui qui ne s'en munissait pas avant de pénétrer dans la maison du Seigneur... Aux heures de messe, il convient d'ajouter les heures de catéchisme, pour lesquelles aucune absence n'était tolérée... voilà pour la rigueur...

Quant à « l'inquisition »... elle se déroulait les jours de confessions. Nul ne pouvait y échapper, à croire que les prêtres tenaient un registre d'interrogation confessionnelle. Quand mon tour arrivait, assis dans le confessionnal, je disparaissais dans sa profondeur. Le questionnement débutait toujours sur un ton cordial, du style :

> — Alors mon fils, as-tu mangé des bonbons ? Parce que la gourmandise... blablabla... Tu fais bien ta prière du soir ? Parce que... blablabla... » prêchi-prêcha habituel...

Puis les questions devenaient plus personnelles, jusqu'à plus intimes... Et le prêtre d'insister :

> — Attention, si tu mens, tu iras brûler en enfer ! Parce que... et reblablabla...et re prêchi-prêcha »...

Après quoi la sentence tombait :

> — Tu diras trois *Je vous salue Marie* et trois *Notre Père* ! »... que j'allais exécuter en m'isolant sur un banc de la chapelle.

Je quittais ensuite les lieux sans me retourner, de peur que les foudres du ciel ne s'abattent sur moi parce que, dans la journée, j'avais mangé des bonbons...

À cette époque, je n'avais pas la repartie que la vie m'a permis de forger depuis. Aujourd'hui, je répondrais : « Pas de *boogie-woogie* avant de faire vos prières du soir » ... N'allez pas croire que je suis un anticlérical... pas du tout, nous avons été tous les trois élevés dans la religion catholique, mais pas celle-ci...

Heureusement qu'il y avait aussi de bons moments. C'est à cette époque qu'avec mon frère, nous avons intégré Les Louveteaux, les scouts unitaires de France. Et nous n'étions pas peu fiers d'arborer notre tenue, le béret orné de son loup, la chemisette bleu ciel avec sa croix brodée sur la poitrine, le foulard de groupe avec son nœud, le short en velours bleu marine, le ceinturon de cuir tressé et les mi-bas blancs. C'est dans cette tenue que nous avons participé à l'une des grandes processions du 15 août à Notre Dame de la Garde.

Il me semble opportun de mettre à profit notre présence aux pieds de La Bonne Mère pour rendre un hommage aux membres de l'équipage du char *Jeanne d'Arc*, qui, le vendredi 25 août 1944 à 13 heures, arrive à découvert près de la résidence de l'évêque. Il est alors pris sous le feu ennemi, deux obus de 88 frappent sa tourelle. Trois occupants du char sont tués. Un autre projectile l'atteint de plein fouet et il bascule, désarticulé, défonçant le mur du jardin de l'épiscopat en contrebas.

Le maréchal des logis André Kerch, chef de char, le cuirassier Guillot, tireur et le cuirassier Clément sont tombés au champ d'honneur. Seuls le conducteur Louis Contrusi et l'aide-conducteur

Riquelme sont sauvés. En témoignage de cette heure tragique et glorieuse, le char reconstitué est situé presque à l'endroit où il fut immobilisé lors des combats de la Libération...

En marge de cette tragédie, il y a une légende familiale autour de ce char. Notre grand-père maternel prétendait avoir pris un verre en compagnie de l'équipage avant leur ascension. Nous connaissions notre grand-père amateur de légendes, sans jamais pouvoir faire la part de vérité dans les histoires qu'il nous racontait. Il en est de même pour cette tragédie, nous n'avons jamais pu vérifier ses dires tant il tenait ferme à sa version...

*

Dès le début du mois de septembre, le cours Belsunce s'animait, il était le lieu dédié à la fête foraine qui se déroulait toutes les années sur quinze jours. Il y avait les autos tamponneuses, la grande roue, le grand huit, les stands de tir à la carabine ou au pistolet, la maison hantée, son mythique carrousel et de nombreux manèges pour les enfants ou à sensations comme les chaises volantes (c'est sur ce manège que nos parents se sont rencontrés).

L'amusement ne nous faisait pas oublier l'envie de friandises, de barbe à papa, de pommes d'amour qui nous coloraient les lèvres d'un rouge écarlate, de chouchous, chichis, pralines, gaufres, toutes sortes de bonbons et de sucettes aux mille couleurs, qui embaumaient l'air de mille parfums, auxquels se mêlaient les cris et les rires des enfants... Chaque attraction était accompagnée de sa musique, dont l'ensemble nous offrait une parfaite cacophonie si particulière aux fêtes foraines...

Mais, à distance des joies de la fête, en ce neuvième mois de l'année faisait également son retour la traditionnelle rentrée scolaire. En cette occasion, maman nous renouvelait nos vêtements et nos chaussures pour les saisons d'automne et d'hiver, avec la recommandation de les faire durer jusqu'au printemps où nous retrouverions les culottes courtes. Autrement dit, nous devions ralentir notre croissance et éviter tous les jeux qui pouvaient abîmer nos vêtements et mettre en péril le budget familial.

Il y avait également le remplacement des fournitures scolaires. Si le cartable pouvait encore faire une année, c'était parfait. Concernant les cahiers et les protège-cahiers de différentes couleurs, les feuilles du classeur et les intercalaires, les stylos-billes, en général un bleu et un rouge, il fallait attendre de connaître les instructions du professeur.

Pour le reste, nous pouvions anticiper, mais l'investissement était limité à une trousse, un crayon et un taille-crayon... sans oublier la vraie gomme bicolore, un côté rose et un côté bleu plus abrasif, qui était censé effacer l'encre. Combien sommes-nous à nous être acharnés pour effacer une faute d'orthographe, jusqu'à faire un trou dans la page du cahier ? Rien de plus normal, puisque ce bout bleu effaçait en réalité... le crayon, mais sur des surfaces plus dures que le papier... comme le carton...

Mais, pour toutes mes rentrées scolaires, j'ai toujours aimé l'odeur particulière des fournitures neuves, du tissu du nouveau tablier fraîchement lavé et repassé. Les six premiers jours faisaient partie de ma perspective de réussite de mon année... et la calligraphie appliquée de la première page de mon cahier du jour pouvait attester de mon ambition, elle était clairement affichée...

Sur la page de garde, il nous fallait inscrire nos nom, prénom et âge, la profession de nos parents et le métier que nous souhaitions exercer plus tard... pour ma part, c'est là que résidait toute l'énigme... Comment à 10 ans pouvais-je me projeter dans mon futur ?... À mon sens, le sujet aurait pu être abordé différemment... J'aurais préféré répondre à une question qui me semblait pleine de bon sens : « quel est ton rêve ? »... Parce qu'à 10 ans, je me nourrissais davantage de rêves que d'ambition !...

Les pages suivantes de mon cahier allaient commencer à faire germer des doutes dans l'esprit de mes parents. J'étais pourtant un élève studieux et attentif. Malheureusement, mes notes oscillaient entre six et huit sur dix... ce qui me maintenait légèrement au-dessus de la moyenne et poussait maman au désespoir, qui n'avait de cesse de me répéter :

— Pour réaliser tes rêves, il te faudra tout de même un peu d'ambition ! »
Ce que je comprendrai bien plus tard…

*

Avec le mois de novembre arrivaient les premières vacances scolaires. Elles représentaient pour moi une pause bien méritée, pour maman aussi, qui avait atteint son sixième mois de grossesse. Mais c'était sans compter sur le fait que mon emploi du temps était déjà planifié et que maman envisageait de me faire donner des cours de rattrapage par notre oncle Lucien, le mari de ma marraine Lucienne, la sœur ainée de maman… Mon frère Georges, qui se débrouillait mieux que moi, en était dispensé…

Le tonton, professeur pour l'occasion, passait à la maison deux après-midi par semaine. J'avais droit à une dictée et un problème à résoudre, du style :

« Le robinet de la salle de bain fuit à raison de 35 ml d'eau par heure. Combien de temps faudra-t-il pour remplir le lavabo qui contient 4,25l d'eau ? »

Ou encore : « Je dois effectuer un trajet de 563 kilomètres, ma voiture consomme 6,15 litres d'essence au 100 kilomètres, le litre d'essence coûte 65 centimes.

- 1) Quelle sera ma consommation pour réaliser l'aller et le retour ?

- 2) Quel sera le coût total de mon voyage ? »…

Je ne fus pas non plus épargné par le fermier qui souhaitait clôturer deux parcelles de terrains mitoyennes, dont l'une était carrée et l'autre rectangulaire, d'une longueur de 225 mètres sur 152 de largeur... la longueur totale à clôturer était égale à une fois et demie celle du terrain rectangulaire... sachant que les poteaux seraient posés tous les deux mètres et qu'il faudrait trois rangées de fil de fer.

- 1) Combien me faudra-t-il de poteaux ?
- 2) Quelle sera la longueur totale de fil de fer utilisé ?...

J'aurais bien suggéré au tonton Archimède d'appeler un plombier, qui dépannerait certainement la fuite plus rapidement que le temps qu'il me faudrait pour résoudre le problème... que je n'avais pas mon permis de conduire et qu'il pouvait poser lui-même la clôture... mais, ne souhaitant pas me soumettre aux foudres du tonton, je m'abstenais d'exprimer toute remarque et je planchais sur les rébus de mathématiques à en dissoudre mes méninges. Peut-être qu'à cette époque je manquais aussi de cohérence, de logique et de pragmatisme...

*

Cet épisode, une parenthèse dans mes souvenirs d'enfance, me renvoie quelque six années plus tard, alors que je me destinais à des études de dessinateur industriel (elles feront chou blanc), un événement m'avait profondément touché dans mon amour-propre. Après un contrôle de mathématiques sur des formules algébriques du cours précédent, que nous appelions encore « interrogations écrites », notre professeur rendait les copies en distillant les notes et les appréciations. Le professeur sortit ma copie en dernier... et me fit la remarque suivante :

— Je vous soupçonne d'avoir copié sur votre petit voisin, c'est pour ça que je vous ai mis un zéro pointé ! »...

Même si, dans mes études, j'étais resté égal à moi-même depuis toutes ces années, je n'en étais pas au point de mériter d'être traité de tricheur. Je m'étais senti victime d'une injustice que je ne méritais pas et qui m'était insupportable... ce que j'ai fait remarquer à notre professeur en lui précisant que je souhaitais porter cette atteinte à mon intelligence devant le directeur du lycée.

À l'évocation de cette éventualité, la réaction du professeur fut immédiate, mais il insistait tout de même... en lançant à la cantonade :

— Nous allons bien voir si votre petit camarade est un tricheur ou pas. Nouvelle interrogation écrite, vous pouvez le remercier ! »

Puis il lançait à mon intention :

— Installez-vous tout seul sur le dernier banc au fond de la classe ! »...

Qu'à cela ne tienne ! Ce que j'ai fait sans rechigner, tant j'étais sûr de moi. Souvenez-vous qu'il ne faut jamais me lancer de défi... je suis capable du pire...mais aussi du meilleur !

Au cours suivant, sans dire un mot, je regagnais la place que m'avait assignée le professeur. Il avait posé devant lui les copies et me regardait d'un air narquois. Suivant son rite habituel, il a distribué les copies notées et accompagnées de ses remarques... celle me concernant n'était pas encore tombée... mais cette fois-ci, il en avait gardé deux...

Il me regardait toujours d'un air narquois, et me dit enfin :

— Je n'ai pas pu vous mettre 20, mais vous avez 19 sur 20 et toutes mes excuses pour avoir douté de vos capacités ! »

Puis se tournant vers mon ex-camarade de banc, il lui dit :

— Quant à vous, Monsieur C., vous avez un beau zéro pointé. Nous en déduisons que le tricheur est démasqué. Monsieur Giordano, vous pouvez regagner votre place et vous, Monsieur C., vous le remplacez sur le banc de fond ! »

L'incident fut ainsi clos...

*

C'était donc armé de nouvelles connaissances de la langue de Molière et en mathématiques que je reprenais le chemin de l'école. Lors de nos cours de mathématiques, j'ai attendu la fuite d'un nouveau robinet, mais tous les plombiers marseillais s'étaient ligués contre moi... il n'y eut pas plus de déplacements en voiture que de terrains à clôturer... pour étaler ma science en la matière.

Ce premier trimestre allait bientôt se terminer et me perdre dans des triangles aux formes variables et dont le seul trapèze évoquait pour moi des voltiges acrobatiques dans un cirque.

Ce qui n'était pas mieux pour les volumes, qu'ils soient sphériques, cubiques ou parallélépipédiques, le mystère résidait dans le fait qu'ils s'exprimaient toujours en mètre cube... Je pensais alors que, pour résoudre ces énigmes, il me faudrait attendre la naissance du prochain bébé pour renouer avec les jeux de cubes... Heureusement que, pour donner le change, je jonglais aisément avec les tables de multiplication.

Quant à mes progrès dans la langue de Molière... Jean-Baptiste Poquelin pouvait continuer à reposer en paix, je n'étais pas digne de lui succéder. J'aurais préféré une dictée sur les exploits de Tintin et Milou ou un sujet de rédaction sur le Marsupilami... mais avec le professeur de l'époque, nous ne partagions pas les mêmes références littéraires...

\*

Le mois de décembre était le signe des préparatifs de Noël. Dans le réduit qui prolongeait la cuisine, nos parents avaient installé un grand buffet en bois aux sculptures tarabiscotées, sans style défini, que l'on trouvait à l'époque chez de nombreuses familles et dont, entre la partie basse et la partie haute, une niche occupait tout l'espace aussi bien en largeur qu'en longueur.

C'est là qu'avec maman nous réalisions le décor de la crèche de Noël. Pour l'arrière-plan, du papier étoilé pour le ciel et un autre imitant la roche, sous lequel quelques boîtes de différentes hauteurs matérialisaient le vallonnement de la montagne et permettaient de disposer les maisons sur divers niveaux. Sans oublier de placer au centre de la scène la grange qui accueillerait le petit Jésus.

Chaque santon retrouvait sa place : le berger au milieu de ses moutons, le rémouleur penché sur sa pierre à aiguiser, la lavandière à son linge au bord de la rivière figurée par un miroir, sur lequel nageaient des canards. Monsieur le curé attendait les fidèles paroissiens devant l'église, monsieur le maire se tenait fièrement devant la mairie, le tambourinaire et l'Arlésienne animaient le village, le ravi, qui l'était toujours, était à sa fenêtre, le meunier entassait les sacs de farine devant son moulin…Marie et Joseph, l'âne, le bœuf et les Rois mages… sans oublier le petit Jésus qui attendra sa naissance, caché sous du coton… patientaient dans la grange de la Nativité et le tout saupoudré de farine pour imiter la neige… Le seul bémol de notre crèche résidait dans le fait que certains santons, achetés au fil du temps lors de la foire aux santons qui se déroulait de fin novembre à début janvier de chaque année, en haut de La Canebière, ou bien en bordure de la même artère sur la place de la Bourse, n'étaient pas tous de la même taille... il en était même de plus grands que leur maison... Mais peu nous importait, ce n'était qu'un détail, nous étions fiers de notre crèche.

La touche finale était réservée à papa qui devait installer une guirlande lumineuse, sans rien faire tomber ni rien détruire de notre œuvre commune. Par crainte d'un mauvais geste de sa part durant la pose de l'illumination, nous restions à scruter tous ses mouvements. Puis, c'était l'enchantement devant le spectacle de la crèche éclairée de multiples couleurs... J'attendais que tous les santons se mettent en mouvement pour célébrer l'avènement du petit Jésus...

Malgré son ventre qui s'arrondissait, maman n'avait pas voulu déroger au rituel de la visite des décorations de Noël des grands magasins du centre-ville. Le souvenir le plus vivace concerne l'animation proposée par les Dames de France de la rue Saint-Ferréol. Dans leur plus grande vitrine, une maquette occupait toute la longueur. Il me semblait reconnaître la reproduction d'une partie de La Canebière, dont la chaussée était représentée par un tapis roulant d'environ trente centimètres de largeur, sur lequel étaient collées des rangées de différents régiments de soldats, qui défilaient à l'infini, en disparaissant du côté droit pour réapparaître du côté gauche. L'illusion était parfaite… J'aurais joué des coudes pour être au premier rang, le nez collé à la vitrine, tant j'étais subjugué par cette mise en scène que j'aurais pu admirer des heures durant…

La dernière étape des préparatifs de Noël était consacrée à l'ornement du sapin. Il était toujours réalisé le soir du 24 décembre. C'est papa qui était chargé d'acheter l'arbre dans l'après-midi. Il ne devait être ni trop grand ni trop petit, mais juste comme il fallait pour qu'il puisse tenir dans la place qui lui était dédiée dans le réduit, juste à côté de la crèche…

Avec mon frère Georges, nous apportions notre aide à maman pour accrocher les sujets et les boules aux branches, pour poser les guirlandes lumineuses qui représentaient des pétales de fleurs en plastique coloré avec des ampoules de couleur pour le pistil et aussi de longs rubans échevelés en papier ou en plastique réfléchissant. Ainsi paré et décoré, il n'attendait plus que le passage du Père Noël à qui nous avions adressé notre liste de cadeaux… Invariablement, notre mission se terminait par une petite collation en guise de réveillon, complétée par les treize desserts et la pompe à l'huile parfumée à la fleur d'oranger.

La plupart du temps, le père Noël ne devait pas recevoir notre courrier à temps… et nos cadeaux étaient quelque peu différents de nos attentes, mais nous n'étions jamais déçus et même parfois agréablement surpris lorsque, le matin, nous découvrions les cadeaux qui nous attendaient au pied de l'arbre. Il s'agissait toujours pour nous du plus beau jour de l'année et j'imaginais que des milliers de paquets étaient ouverts au même moment, un peu partout, par des enfants débordants de joie.

En ce qui me concernait, il y avait, entre autres surprises, deux nouveaux albums de bandes dessinées, un des aventures de Tintin et Milou, un autre du Marsupilami, sans oublier Gaston Lagaffe. Je me souviens que Tintin en Amérique a été le premier album que j'ai reçu. D'ailleurs, cette année-là, tous nos cadeaux tournaient autour des cowboys. Avec mon frère, nous avions reçu chacun une panoplie complète qui comprenait un chapeau, des éperons, un révolver et l'étoile du shérif... Avec le recul, je n'ai pas le souvenir d'avoir vu nos parents s'échanger des cadeaux... peut être nous consacraient-ils toutes leurs économies ?

Au n° 4 de la rue des Trois Mages, pour le repas de Noël, il n'y avait pas non plus de réunion familiale autour d'une dinde aux marrons. Pour nous quatre, un poulet avec des frites faisait bien l'affaire. Maman n'était pas un fin cordon bleu et passer du temps à cuisiner ne faisait pas partie de ses priorités, elle allait toujours à l'essentiel et nous n'avons jamais quitté la table avec la faim au ventre... Mais pour ce jour de fête, nous ne terminions pas nos modestes agapes sans la traditionnelle bûche pâtissière.

Les quelques jours qui nous séparaient de la nouvelle année étaient une parenthèse consacrée à la découverte de mes albums de bandes dessinées. Je m'installais au plus près de la cuisinière à charbon, qui ronronnait déjà depuis plusieurs jours et dispensait sa chaleur diffuse dans les trois pièces de l'appartement. C'était des moments de pur bonheur, tandis que, non loin de moi, Georges profitait de ses derniers jouets. Je restais cependant sur le qui-vive en espérant que maman ait oublié mes cours particuliers.

Il n'y avait pas non plus de réveillon de la Saint-Sylvestre… Ce n'était que le lendemain dans l'après-midi que ma marraine et son pseudo professeur de mari passaient à la maison pour nous souhaiter la bonne année. Ils apportaient une bûche pâtissière et une bouteille de champagne. Pour trinquer à la nouvelle année, avec mon frère, nous avions l'autorisation de tremper le petit doigt dans le verre de notre père.

Par prudence, je me tenais à distance de mon oncle Louis, avec la crainte qu'entre deux tranches de bûche et un nouveau verre de champagne, il lui prenne l'envie de m'infliger une dictée ou de sortir de sa poche l'énoncé d'un problème insoluble… C'était avec soulagement que je le regardais enfin partir…

*

## Samedi 2 mai 2020

*Carnet de bord d'un confiné à J47…*

En ce mercredi 6 janvier 1960, la reprise scolaire s'est déroulée dans un déballage d'histoires de fête de Noël plus belles les unes que les autres et avec lesquelles il m'était impossible de rivaliser, mais que pouvais-je dire de la nôtre, qui s'était passée dans une arrière-cour aménagée en logement ?

J'étais également émerveillé par ceux qui avaient eu la chance de recevoir un train électrique, une boîte de Mécano ou un garage station-service avec de nombreuses voitures *Norev*… Les plus chanceux faisaient admirer à la ronde une montre ou un stylo Parker… sans oublier la description de repas familiaux interminables autour d'une grande table où, sur une nappe blanche brodée, s'étalaient des victuailles à volonté…

Je n'étais pas pour autant envieux de mes petits camarades et aucun sentiment de jalousie ne m'animait, la pensée que la vie nous était injuste ne m'effleurait même pas l'esprit. Aller dans ce sens aurait été une trahison vis-à-vis de mes parents et le sabotage de leurs efforts ne m'aurait pas rendu plus heureux.

Cependant, après l'heure d'étude qui nous permettait de faire nos devoirs du soir jusqu'à 18 heures, il me tardait d'arriver à la maison pour me réfugier dans mes bandes dessinées. Si maman nous demandait comment s'était passée notre journée, je me gardais bien de lui raconter les belles fêtes que certains de mes camarades de classe avaient partagées en famille.

Le dimanche suivant nous avons célébré l'Épiphanie avec la traditionnelle brioche au sucre recouverte de fruits confits. Pour tirer les rois, Georges n'échappait pas à l'inévitable « il est pour qui celui-là ? »…

Caché sous la table, à chaque questionnement il désignait un membre de la famille auquel était destiné le morceau de brioche porteur d'espoir royal. Maman qui avait découpé la brioche et qui malencontreusement était tombée sur le sujet, le laissait invariablement à l'un ou l'autre de ses enfants, qui serait heureux de coiffer la couronne de roi…

Le ventre de maman s'était encore arrondi et je voyais bien qu'elle commençait à le porter avec quelques difficultés. Refusant de nous laisser parcourir seuls le chemin de l'école, maman nous accompagnait le matin, puis venait nous rechercher le soir, après l'étude.

En ces mois d'hiver, c'était prendre un risque inconsidéré, d'autant qu'il lui fallait traverser le cours

Julien qui était lavé à grande eau tous les débuts d'après-midi, après le départ des maraîchers, ce qui favorisait la formation de plaques verglacées sur le sol sur lesquelles maman pouvait glisser.

C'est au petit matin du 22 février que les premiers signes de l'heureux événement avaient commencé à animer la maisonnée. Avec mon frère Georges, nous avons été réveillés par les allées et venues de notre père, qui traversait la chambre à pas rapides. Nous le regardions passer et nous nous demandions quel était le motif de cette agitation si matinale. Il s'arrêtait enfin devant notre lit pour nous lancer :

— Je dois mener maman à l'hôpital. Madame M. du quatrième va venir vous chercher et je reviendrai dès que possible. »

Dans la perspective de l'arrivée imminente du bébé, nos parents s'étaient effectivement entendus avec des voisins de l'immeuble. Ces derniers possédaient le téléphone et avaient appelé un taxi qui devait conduire maman à l'hôpital de la Conception, où, avec mon frère, bien après que le poète Arthur Rimbaud y eut rendu l'âme le 10 novembre 1891 à son rapatriement d'Afrique, nous sommes également nés.

C'est dans la pénombre d'une chambre au quatrième étage de notre immeuble que nous avons eu beaucoup de mal à nous rendormir, tant nous échafaudions tous les deux des hypothèses plus farfelues les unes que les autres sur la naissance du bébé. Mais au matin, l'agréable odeur du café au lait nous a tirés du lit. Madame M. nous avait préparé un copieux petit déjeuner que nous avons partagé avec ses deux filles, plus âgées que nous. Il y avait des croissants et des pains au chocolat, ce que nous n'avions pas souvent l'habitude de manger à la maison.

Nous sommes également passés par la salle de bains pour faire notre toilette. J'étais ébloui par la luminosité que renvoyaient les carreaux de faïence qui recouvraient les murs et je n'avais jamais vu une si grande baignoire, qui occupait toute la largeur de la pièce. Les serviettes et le gant de toilette étaient épais et soyeux à la fois. Cela me changeait du bain que maman nous donnait dans le tub en zinc, au milieu de la cuisine.

Juste avant notre départ pour l'école, papa, rayonnant de joie et de bonheur était repassé par la maison. Ne lui laissant pas le temps de reprendre son souffle, nous l'avons assailli de questions. Et ce n'est pas sans une certaine fierté qu'il nous apprenait que désormais… nous allions partager notre espace avec une petite sœur.

L'hospitalisation de maman allait prendre plusieurs jours, un délai que notre mère ne pouvait pas tenir sans voir ses deux fils. Pour pallier ce manque, nos parents ont organisé une visite dans le respect des distanciations sanitaires… Papa nous a conduits dans la rue qui donnait sur l'arrière de l'hôpital et ce fut par une fenêtre des toilettes que nous aperçûmes notre mère qui nous faisait de grands signes et nous adressait des baisers de la main. Malgré la distance qui nous séparait, j'ai bien vu qu'elle pleurait.

Les jours ont passé, ponctués de gardes alternées dont je n'ai conservé aucun souvenir. Quoi qu'il en soit, le grand jour du retour de maman approchait et avec lui, l'entrée de notre petite sœur dans le cercle familial.

Ce jour-là est enfin arrivé. La journée d'école s'est déroulée dans une interminable attente, les minutes paraissaient durer des heures et sur la pendule de la classe, la petite aiguille semblait rester bloquée sur les heures plus que de raison... Nous n'avons pas eu droit non plus à une dispense pour l'heure d'étude et le chemin du retour ne m'a jamais paru aussi long...

Arrivé devant l'immeuble dont j'ouvrais la porte sans ménagement, je ne remarquais même pas les deux personnes en grande conversation et passais devant elles sans les saluer, mon impatience m'avait posé des œillères. Les excuses formulées par notre père qui nous suivait me parvenaient comme étouffées par un épais brouillard.

À peine avais-je passé un pied dans la cuisine que, plutôt que de poser délicatement mon cartable, je le jetai sur le sol où il tomba dans un bruit sourd... Maman mit son index devant la bouche pour m'inviter au silence. J'étais heureux de la retrouver et après l'avoir rapidement embrassée, je me suis dirigé vers le landau de notre petite sœur. Georges m'avait suivi, nous étions côte à côte et nous regardions ce bébé, qu'apparemment, à la maternité, ils avaient oublié de défroisser…

Maman se tenait derrière nous et de sa voix douce, nous l'avons entendu dire :

— Je vous présente votre sœur, Marie-Madeleine, que nous appellerons aussi Mylène ! » Puis d'ajouter :

— Mylène, je te présente tes deux frères, Gérard l'aîné et Georges le cadet. »

J'avais imaginé toute la journée cette rencontre, que paradoxalement j'appréhendais tout en étant impatient de voir enfin notre petite sœur. Mais là, devant ce petit être qui dormait à poings fermés, le temps s'est arrêté et de multiples émotions m'ont submergé ; j'ai pris la décision solennelle et fraternelle de la protéger tant qu'elle ne serait pas armée pour le faire elle-même.

Mentalement, je m'engageais à ce que jamais personne ne lui fasse du mal et à m'élever comme un rempart devant ses éventuels assaillants. Je la protégerai comme son ange gardien, une mission dont je me sentais dorénavant investi.

Dans les jours suivants, notre sœur est devenue mon seul centre d'intérêt, au point d'en négliger mes camarades de jeux. Je faisais l'impossible pour lui donner le biberon le plus souvent et dans ces moments de partages, je la tenais tendrement serrée contre moi sans la lâcher des yeux. Je me demandais si elle sentait passer entre nous le courant d'amour fraternel qui coulait dans mes veines.

Notre vie se déroulait dans une paisible ambiance familiale, même si nous entendions parfois nos parents se chamailler. À l'arrivée des beaux jours, notre mère passait du temps avec Mylène à prendre le soleil dans *le jardin des chats*. Ce lieu était aussi le rendez-vous d'autres mamans qui venaient avec leurs enfants, il s'animait alors et se remplissait de leurs cris.

Maman s'était liée d'amitié avec l'une d'elles, qui avait un garçon et une fille, Martine, du même âge que notre petite sœur. Quand son mari parlait, son accent ne pouvait pas cacher qu'il était d'origine corse. Papa ne participait que trop rarement à ces joyeuses assemblées, il est vrai qu'il lui arrivait de rentrer tard de l'usine.

Le temps a passé relativement vite, nous avons laissé derrière nous les premiers « areu » et à douze mois, notre sœur s'exprimait avec des « ba-ba » et des « taaaaa-taaaa », son babillage nous enchantait.

Elle commençait à tenir assis dans sa chaise haute où il m'arrivait de lui donner à manger. Je me souviens qu'un jour Mylène rechignait à manger sa soupe de vermicelles. En faisant une grimace à chaque bouchée, elle repoussait de la main la cuillère que maman lui tendait et son contenu tombait sur la tablette de la chaise haute. Mylène trempait les mains dans cette pâtée en poussant des « ba-ba-ba » joyeux. Maman, n'y tenant plus, avait commencé à la réprimander, c'est à ce moment que j'ai mis en application ce que je m'étais promis de faire et dans un geste protecteur, mettant mes bras autour de ma sœur, j'ai lancé à ma mère, interloquée par ma réaction :

— Si tu dois taper quelqu'un ici, ce sera moi ! Je t'interdis de toucher à ma sœur ! »…

Mes injonctions ont fait mouche. Et c'est avec un calme profond que maman m'a répondu :

— Pas de souci mon grand ! Je te laisse avec ta sœur et tu nettoieras tout après lui avoir donné à manger. »

Avec cette première expérience de ma bravoure à l'égard de ma petite sœur, je prenais conscience que mon engagement ne serait pas aussi facile à tenir que je l'imaginais et qu'il me faudrait accepter quelques concessions…

*

Après avoir passé durant deux années nos grandes vacances d'été au purgatoire, nous en passerons deux autres au patronage de l'église Notre-Dame-du-Mont, situé rue Auguste Blanqui, où les jeux prendront le pas sur la préparation de notre communion solennelle.

Ce sera notre paradis, ces deux dernières années seront pour nous beaucoup plus agréables et paisibles que les précédentes. Nous vivrons cette belle période sous la responsabilité du père R., c'était notre Don Camillo, non qu'il ressemblât à l'acteur qui incarnait le personnage au cinéma, mais par sa façon d'être. Il était proche de nous, mais au sens noble et humain du terme. Il n'hésitait pas, tenant sa soutane à deux mains et le béret vissé sur la tête, à taper dans le ballon quand nous y jouions dans la cour…

J'ai d'ailleurs une anecdote à ce sujet. Le premier jour où j'ai mis les pieds dans cette cour, le ballon m'est arrivé en pleine figure…le coup fut si violent qu'il me fallut un certain temps pour retrouver mes esprits… Ma crainte était que cela fût un mauvais signe avant-coureur… et la suite allait bientôt me démontrer que j'avais eu raison d'avoir quelques inquiétudes au sujet du ballon rond…

Le patronage qui comptait plusieurs niveaux d'âge avait autant d'équipes de football et, compte tenu de mes 10 ans, je pouvais intégrer l'équipe des poussins, autrement dit, les U10-U11 d'aujourd'hui. Je rêvais déjà de porter avec fierté les couleurs du patronage de Notre-Dame-du-Mont et regardais avec envie ceux qui avaient déjà la chance de pouvoir s'entraîner pour le prochain match… Mais avant toute chose, il me fallait obtenir un certificat médical établi par notre médecin de famille et attestant de mon aptitude aux activités sportives et plus particulièrement au football.

Nos parents n'étaient pas opposés à la pratique d'un sport collectif, c'est donc dans l'objectif de quérir le sésame qui m'ouvrirait peut-être les portes de l'Olympique de Marseille, qu'avec maman nous nous sommes rendus chez la doctoresse madame E. qui nous suivait depuis notre naissance.

Après une visite détaillée de ma morphologie, poids, taille et vaccinations… de retour derrière son bureau, la doctoresse a déposé devant elle sa liasse de feuilles d'ordonnance. Je la revois laissant un instant son gros stylo plume en suspens, perdue dans ses pensées… Elle a posé une dernière fois ses yeux sur moi… puis tournant la tête vers maman, elle lui a lancé :

> — Après mûre réflexion, je le trouve trop maigre. Un simple coup de pied pourrait lui briser une jambe. Pour moi ce sera non ! pas de football ! Ça fera 8,50 francs. »

Le ciel venait de me tomber sur la tête, s'en était fini des clameurs du stade Vélodrome… J'avais beau pleurer et implorer, rien ne pouvait infléchir la décision doctorale… et maman qui ne disait mot, blanche comme un linge, imaginait déjà son fils aîné, les deux jambes dans le plâtre…

Je n'aimais déjà pas beaucoup cette doctoresse, qu'avec mes yeux d'enfant je trouvais bien trop vieille pour faire ce métier et qui m'impressionnait plus qu'elle ne me rassurait à chaque visite. Malgré nos protestations, maman continuait à nous faire suivre par ce médecin que, dès cet instant, j'ai détesté…

Le retour a été des plus pénibles et je n'ai pas pipé mot tout au long du trajet en direction de la maison, où je me suis enfermé dans un complet mutisme. Maman a bien cherché à me consoler, mais rien ne pouvait calmer mon chagrin.

J'ai dû faire contre mauvaise fortune bon cœur. À la place d'entraînements de football, je participais aux heures de catéchisme, organisées par des paroissiennes bénévoles et qui se déroulaient sans souci de la parfaite connaissance de la vie de Jésus. Peu importait si nous avions oublié qui s'en était lavé les mains ou le nom de celui qui avait planté les clous dans les mains et les pieds du Christ, pour le fixer sur sa croix, ou bien encore, comment il avait pu revenir d'entre les morts…

La Vierge Marie, Joseph et les apôtres avec leur Judas, nous ont accompagnés durant de nombreuses matinées. Notre participation était très active et constructive, parce qu'elle était suscitée en bonne intelligence et portée à notre niveau de gamins…

Ces deux années ont été clôturées par ma communion solennelle. C'en était fini de ma profession de foi. Ma foi avait-elle grandi pour autant ? Elle n'avait pas disparu non plus...

Le père R. avait organisé la cérémonie dans la pure tradition catholique. Pour gagner l'église de

Notre-Dame-du-Mont, nous étions tous partis en procession depuis la cour du patronage, descendant la rue Auguste Blanqui, puis la rue Fontange pour arriver à la rue de Lodi et jusqu'au parvis de l'église. Tous semblables et d'un même pas dans notre aube immaculée, ceinte d'une corde qui l'était tout autant, une croix en bois battant notre poitrine, un grand cierge blanc dans notre main droite et chantant d'une seule voix.

Pour nous accompagner, les cloches sonnaient à la volée, nos parents endimanchés nous attendaient déjà dans l'église. À l'extérieur, sur notre parcours, la foule nous regardait, souriante et bienveillante. La joie pouvait se lire sur tous les visages. L'air embaumait le bonheur... Bien des années plus tard, j'aurai l'occasion de rencontrer le père R.... Il n'avait pas changé...

J'étais heureux et fier durant toute la cérémonie de la communion solennelle. Mon aube dissimulait le costume que m'avaient offert mes parents, il est vrai que je ne me suis jamais posé la question... au prix de quels sacrifices ?...

Mais aussitôt arrivé à la maison, en toute hâte je me débarrassais de l'aube pour que la famille réunie puisse apercevoir dans son costume l'homme que je devenais... et aussi pour découvrir les cadeaux qui m'attendaient.

Il y avait une chevalière en or à mes initiales, que, malheureusement, pour ne pas avoir écouté ma mère, je perdrai bêtement dans le sable à la plage des Catalans, sur la Corniche…

Les jours sont passés sans grand changement, notre petite sœur Mylène avait maintenant deux ans et occupait passablement le temps de notre mère. Quand je ne partageais pas les jeux de mes petits camarades, je la promenais dans *le jardin des chats*.

Lorsqu'une robe était à sa taille, il lui arrivait parfois de servir de mannequin dans la vitrine du magasin, en prenant plaisir à défiler sous le regard admiratif des passants.

Mais, ce que nous ne savions pas encore, c'est que notre vie allait bientôt connaître en grand chamboulement…

*

## Dimanche 3 mai 2020

*Carnet de bord d'un confiné à J48…*
*La mer qu'on voit danser le long des golfes clairs…*

Comme je l'ai déjà mentionné, mes parents ne possédaient pas de voiture. Pourtant, durant son service militaire, papa avait passé tous ses permis de conduire. Nous n'avons jamais su pour quelles raisons il ne les avait pas fait valider une fois rendu à la vie civile. Quand nous lui posions la question, il l'éludait en prétextant n'avoir jamais eu le temps de le faire, mais le fait de trop attendre, les documents provisoires étaient devenus caducs… Pourquoi n'avait-il pas repassé son permis de conduire ? … *Silenzio sull'argomento…*

Les non-dits forcent notre esprit à créer parfois des légendes… et avec mon frère, nous n'en manquions pas sur le sujet, imaginant même le pire concernant notre père. Et si papa avait mortellement blessé quelqu'un lors d'un accident de la route ? Nos interrogations n'ont jamais trouvé de réponse.

Bien plus tard, lorsque maman a passé son permis de conduire, papa a bien essayé de faire de même, sans succès. Nouvelle tentative en 1979, lorsque notre sœur Mylène le passera à son tour : il obtiendra son code… mais n'ira pas plus loin…

Déjà, lorsque nous habitions rue Fortuné, nous devions à la tante Lucienne de faire notre bonheur au cours des sorties familiales : avec son mari, ils possédaient une voiture, une Renault 4CV…

Notre tonton Lucien était policier, comme l'inspecteur Bourrel dans *Les cinq dernières minutes*, le Navarro des sixties. Nous nous amusions à le taquiner en le comparant à Colombo quand il a fait l'acquisition d'une Peugeot 403, un peu comme celle de ce lieutenant de police américain… Notre oncle était un bon client, il prenait plaisir à rire avec nous de cette plaisanterie.

Lorsque nous partions en balades, notre oncle conduisait avec notre tante à ses côtés, maman, mon frère et moi nous occupions la banquette arrière… C'était plus compliqué lorsque papa se joignait à nous. Nous étions alors tous les quatre entassés sur le siège arrière, moi coincé entre mes parents et mon frère sur les genoux de papa… C'est devenu ingérable avec la naissance de ma sœur… Nous nous sommes sentis un peu plus à l'aise lorsqu'ils ont acheté une Renault Dauphine et davantage à bord de la Renault 10… Parce qu'il savait se montrer serviable et généreux avec nous, je ne nourrissais aucune rancune envers le tonton professeur…

Mais nos plus belles sorties étaient celles faites avec notre tante Nathalie, la sœur cadette de maman, qui répondait au diminutif de Nana, quand elle venait accompagnée de tonton Fernand, qui n'était pas notre vrai tonton… Tout le monde le savait, mais nous faisions comme si…

Il possédait une Simca Vedette bicolore, blanche et bleu ciel… Nous délaissions nos parents pour profiter de la banquette arrière en compagnie de notre cousine Marie-Claude.

Les dimanches d'été, nous partions tous au bord de mer, répartis dans les deux voitures. Pour fuir les plages bondées du Prado, celles où trône la statue de David qui tourne le dos à la ville… les plages que les Marseillais appellent *Cul vers mer*…

Notre destination privilégiée, c'était les plages du Jaï, entre Marignane et Les Martigues. Une bande de terre qui mélange sable et pelouse sur plus de cinq kilomètres de long, qui marque la séparation entre deux étangs, celui de Berre et celui du Bolmon et qui nous offrait de grands espaces pour étaler nos serviettes et ouvrir nos parasols.

Le seul problème, c'était l'été quand l'eau devenait trop chaude : nous avions droit à l'invasion de méduses… La plage était aussi mise à l'index à cause des raffineries de pétrole, lesquelles, disait-on, polluaient l'étang de Berre… Cette pièce d'eau avait également la particularité d'avoir très peu de fond et de ce fait, on avait pied très loin, l'eau nous couvrait à peine les mollets. Un petit handicap pour les nageurs qui devaient parfois marcher jusqu'à un kilomètre pour pouvoir faire quelques brasses.

Le meilleur de nos escapades au bord de mer, c'était notre pique-nique du midi. Nous avions là aussi notre point de chute, situé dans une pinède, à l'ombre des pins et bercé par le chant des cigales. Mylène adorait grimper aux arbres et en redescendait toujours les doigts tout collants et noirs de résine, elle connaissait pourtant le risque encouru, mais tous les dimanches elle retournait se percher dans les pins…

Chacun sortait sa glacière. Tables et chaises étaient dépliées pour une grande tablée où nous partagions nos poulets rôtis, nos salades, le pain et le vin, pour terminer nos agapes par la fraîcheur de pastèques ou de melons… *à la bonne franquette !* comme on dit aussi chez nous…

Puis venait le moment de la sieste, allongé sur la banquette arrière des voitures, portières ouvertes, pour atténuer la braise de la chaleur, ou sur une serviette à l'ombre d'un pin, toujours bercé par le chant ininterrompu des cigales.

Mais la journée ne se terminait jamais sans notre partie de pétanque au cours de laquelle personne ne se prenait au sérieux… *Tu la tires ou tu la pointes ?* … Elle avait toujours quelque chose de pagnolesque…

Quand il arrivait parfois que ma marraine et l'oncle Lucien ne pussent pas se joindre à nous, c'est là que tonton Fernand sortait son camion Renault 40, à plateau et ridelles. S'installaient à côté du chauffeur tante Nathalie, maman et Mylène. Et à l'arrière du camion prenaient place papa, mon frère Georges, ma cousine Marie-Claude et moi-même. Tout le long du trajet, nous luttions contre les turbulences de l'air que générait la vitesse du camion, mais nous étions heureux de vivre cette expérience.

Nous n'avons pas toujours fui la plage du Prado. À l'époque de la rue Fortuné, l'été, il nous arrivait d'emprunter le tramway avec maman et mon frère pour aller prendre le bain à la plage. Il y avait un lieu de rendez-vous où nous nous retrouvions avec quelques voisins de la traverse.

Nous nous placions toujours en face d'une maison blanche située juste avant la Corniche. Je me souviens aussi de jeunes filles qui venaient nous rejoindre avec des copains.

Mais il y a un souvenir qui m'est douloureux. Avec mon frère qui devait avoir 4 ans, nous avions passé la journée à jouer dans l'eau et sur le sable. À côté de nous, un couple d'un certain âge était accompagné d'un chien de race berger allemand. Une bonne partie de l'après-midi, le mari avait lancé dans l'eau un morceau de bois que le chien allait chercher et rapportait à son maître... C'était en fin d'après-midi, mon frère qui aimait déjà les animaux, s'était approché un peu trop près du chien en penchant sa tête vers son museau... C'est alors que le chien lui a attrapé le nez et la lèvre supérieure... s'en est suivie une scène de panique ! je revois un attroupement autour de nous, des cris, des pleurs. Un véhicule de police secours s'est déplacé, à l'époque c'était ce service qui intervenait pour transporter les blessés de la voie publique. Le propriétaire du chien a donné son identité et communiqué son adresse à maman. Des bribes de phrases me reviennent dans lesquelles il était question de vaccination… de la rage… de muselière… Maman et mon frère étaient ensuite partis avec police secours vers un hôpital. C'est une voisine qui m'a ramené à la maison…

Nos parents découvriront qu'il s'agissait malheureusement d'un faux nom et d'une fausse adresse et, de ce fait, ils durent supporter tous les frais des soins nécessaires dont eut besoin mon frère Georges.

Il avait été impossible de vérifier si le chien avait reçu tous ses vaccins, ce qui n'était pas sans inquiéter davantage nos parents. Pour pallier l'éventualité d'une contamination par la rage, maman avait, durant plusieurs semaines, accompagné mon frère au centre antirabique du Pharo où il a subi une série de piqûres administrées dans le ventre.

Cette affaire a duré un certain temps et mon frère en a gardé des cicatrices…

\*

## Mercredi 6 mai 2020

*Carnet de bord d'un confiné à J51…*
*Le château de notre mère…*

L'immeuble du 4 de la rue des Trois Mages était peuplé d'une diversité de personnages hétéroclites qui suscitaient ma curiosité. Juste au-dessus de notre appartement vivait une dame qui était toujours lourdement maquillée ; elle me faisait penser à Bianca Castafiore dans les aventures de Tintin. Je n'avais pas encore d'autres références littéraires.

Elle a toqué un jour à notre porte, portant une marmite à bout de bras. Elle tenait à nous faire goûter une soupe de légumes qu'elle disait avoir confectionnée avec des produits frais du marché…

Mais quand le soir maman l'a mise à chauffer, quelle n'a pas été pas sa surprise de voir surnager quelque chose qui n'avait rien à voir avec des légumes… Il s'agissait d'une diapositive à collectionner que l'on pouvait trouver dans les soupes en brique, un cadeau promotionnel de l'époque… La soupe a fini dans les toilettes…

Quelques étages au-dessus, il y avait quelqu'un qui pouvait rivaliser avec la Castafiore… un chanteur lyrique de l'Opéra de Marseille. C'était le chef de famille du couple qui nous a gardés le jour de la naissance de notre sœur.

L'été, il lui arrivait de faire des vocalises ou de répéter un air d'opéra, fenêtres ouvertes. Nous profitions alors d'un concert gratuit. Dans ces moments, il ne fallait pas déranger notre mère, fidèle parmi les fidèles de Mario Lanza, grand ténor américain d'origine italienne et acteur, dont nous avons vu quelques films au cinéma de la Plaine ; maman était aux anges...

Certains soirs de gala, il nous est arrivé de le voir partir en smoking et s'engouffrer en hâte dans un taxi qui venait le chercher. Ses deux filles étaient totalement différentes l'une de l'autre : autant l'aînée était grande et forte que sa sœur était petite et frêle, mais cette dernière avait un coup de crayon sans pareil. Nous rivalisions en échangeant nos dessins. Toutes les semaines, je reprenais le dessin de la page de couverture du Journal de Mickey...

Nouvelle parenthèse, relative à notre grand-père maternel qui, selon une autre légende entretenue par notre mère, se serait produit à l'Alcazar. Une salle de spectacle située cours Belsunce, qui a connu son apogée des années 1860 jusqu'en 1930, en accueillant les artistes locaux, mais également des célébrités parisiennes. Ce mythique haut lieu marseillais sera par la suite reconverti en cinéma. Aujourd'hui, le lieu a été transformé en bibliothèque municipale à vocation régionale. La porte d'entrée est toujours surmontée de sa célèbre marquise, qui a été classée aux Bâtiments de France. Malgré ce que l'on nous avait raconté, il ne subsiste aucune trace du passage de notre grand-père maternel dans ce lieu emblématique …

Mais retournons au 4 de la rue de Trois Mages, où un troisième personnage m'intriguait également. Il s'agissait d'un homme d'un âge indéfini, toujours affublé d'une blouse grise comme celles de nos professeurs d'école, mais nous n'avons jamais su si c'était là le métier qu'il exerçait…

Il vivait seul et disait avoir un fils, que nous ne connaîtrons jamais. Les rapports qu'entretenaient avec lui mes parents se résumaient à des échanges de pure courtoisie. Jusqu'au jour où, frappant à notre porte, quelle ne fut pas notre surprise de le voir tenir dans ses mains une paire de patins avec des roulettes de caoutchouc, qu'il souhaitait m'offrir. Il estimait que mon frère était trop jeune pour se risquer à ce sport de patinage à roulettes…

Mes parents hésitaient à accepter son geste, lui insistait, parce que ça lui faisait plaisir et qu'il n'était plus en âge de les chausser… Par la suite, je ne l'ai plus regardé de la même manière… Ces patins à roulettes allaient faire mes heures de gloire dans nos courses du côté de la Plaine…

Mais surtout, ils remplaçaient les miens qui étaient équipés de roulettes en fer et qui faisaient un boucan du diable en roulant sur le sol, ce qui n'était pas admissible par les dignes représentants de la curie. Ces patins m'avaient été d'ailleurs confisqués par un prêtre de Timon David, alors que je les utilisais sous le préau et que je passais et repassais devant une classe où il donnait des cours de rattrapage à quelques pensionnaires. Je me souviens que maman était allée les réclamer au secrétariat... Je les avais ensuite mis au placard...

Il y avait bien d'autres occupants de l'immeuble, qui allaient et venaient et avec lesquels on partageait la même indifférence cordiale... Cet état de neutralité affective semblait convenir à la collectivité... Ils ne m'ont d'ailleurs laissé aucun souvenir...

Je revois également la silhouette du cordonnier, un petit bonhomme rondouillard aux joues couperosées affublé d'un béret qui dissimulait sa calvitie et de son tablier de cuir orné de taches indéfinies, zébré d'entailles, dont l'atelier était situé au tout début de la rue des Trois Mages et faisait l'angle avec le cours Julien.

Parfois le matin, il lui arrivait de passer au magasin pour apporter à ma petite sœur une brioche au sucre qu'il tenait dans ses mains maculées de quelques traces de teintures, traînant derrière lui une odeur de cuir et de colle que le parfum de la pâtisserie n'arrivait pas à cacher.

Loin d'être rebutée par ce spectacle peu ragoûtant selon moi, notre sœur s'empressait de saisir l'objet de sa gourmandise, sous le regard quelque peu inquiet de notre mère...

C'est dans cette atmosphère qu'un soir, rentrant de l'usine et sans prendre le temps d'enlever sa veste, notre père nous fit la plus belle des surprises... Tout souriant et joyeux, il lançait à la cantonade : *surprise ! surprise !* ...

Nous groupant autour de lui, nous attendions impatients de découvrir la surprise... C'est alors qu'il sortit d'une de ses poches un gros trousseau de clés qu'il fit tinter par plaisir, tout en maintenant le suspens...

Il s'agissait du sésame d'un des huit appartements neufs que mettait à disposition l'entreprise qui l'employait, afin de regrouper les principaux corps de métiers utiles et nécessaires à l'entretien de l'usine... Il nous expliqua que la condition *sine qua non* était sa disponibilité 24h/24...

Il nous apprit aussi que l'ensemble était composé de deux petits immeubles d'un étage, construits sur un terrain jouxtant l'usine. Il était fier en nous disant qu'il avait déposé notre dossier depuis quelque temps auprès de l'assistante sociale de l'entreprise. Il ne nous en avait jamais parlé...

Seule, maman était au courant que quelque chose se tramait, mais elle n'avait pas souhaité nous faire de fausse joie en nous révélant que, quelques semaines plus tôt, l'assistante sociale était venue à la maison pour dresser un état des lieux.

Nous allions devoir déménager à nouveau, nous éloignant cette fois-ci du centre-ville qui avait fait le bonheur de toute notre enfance... Mais cette décision appartenait également à notre mère... et, comme on dit, la nuit porte conseil... Mais lui fallait-il ce délai de réflexion pour enfin pouvoir vivre dans un appartement digne de ce nom ?...

## Jeudi 7 mai 2020

*Carnet de bord d'un confiné à J52…*
*Le château de notre mère (suite)…*

Maman ne nous fit pas attendre bien longtemps pour nous dévoiler sa décision. Mais nous nous doutions bien que papa n'avait pas dû manquer d'arguments pour la convaincre…

La nuit porte conseil, mais les oreillers renferment aussi beaucoup de secrets… C'est donc au petit déjeuner que nous apprîmes qu'il nous fallait envisager notre départ… Notre joie était aussi empreinte d'une certaine tristesse, nous allions à nouveau devoir quitter tous nos copains.

J'allais devoir dire adieu à Jeanine, ma petite fiancée. Quelques années plus tard, maman la reverra du côté de la rue de la Rotonde où mes parents habitaient, elle était mariée et mère de famille. Maman m'avait laissé entendre que ça lui aurait fait plaisir de me rencontrer… J'avais décliné cette éventualité afin de préserver le souvenir de la petite fille que je gardais d'elle, souhaitant qu'elle en fasse autant de moi…

Je n'avais pas envisagé que notre départ allait aussi nous éloigner de nos parties de pêche. Lorsque les disponibilités de papa le permettaient, pour nous soustraire à l'hermétique atmosphère de la maison, c'était avec grand plaisir qu'il emmenait ses deux garçons taquiner le poisson au bord de la mer, où nous pouvions respirer l'air iodé à pleins poumons.

Nous avions deux points de chute possibles pour caler nos cannes à pêche. Il y avait l'anse de Malmousque et son minuscule port sur la corniche Kennedy, où nous nous placions toujours en face des îles d'Endoume et de Gaby, ou bien nous partions à l'opposé, vers l'Estaque, à la Pointe de Corbière avec son fortin.

Pour ces deux destinations, il nous fallait partir le matin de bonne heure et emprunter l'autobus avec notre attirail de pêcheur, mais malgré la fatigue du retour, nous étions heureux de partager ces moments entre hommes...

Notre père avait ses sources pour se procurer des appâts. La veille de nos sorties, il descendait rue des Capucins et en revenait tout joyeux et comblé par ses trouvailles, qu'il conservait dans du papier journal jusqu'au lendemain matin, où nous découvrions tenues au frais dans des feuilles d'algues, des esches encore grouillantes.

Arrivés sur place, une fois bien installés et nos cannes fixes de bambou prêtes à l'emploi, il fallait nous armer de patience avant qu'un poisson soit tenté par le ver qui s'animait au bout de notre hameçon. De temps en temps, le bouchon s'enfonçait légèrement dans l'eau en dessinant des cercles concentriques autour de lui, il y avait bien quelques vibrations qui remontaient le long du fil de nylon et que je ressentais au creux de mes mains… mais cela restait sans suite…

Je manquais certainement d'expérience pour ferrer le poisson au bon moment, tandis que mon père remontait de belles girelles royales aux couleurs d'arc-en-ciel, des poissons de roches et même une magnifique rascasse au corps massif, dotée d'une large bouche menaçante, qu'il avait eu grand mal à décrocher de son hameçon, de peur de se faire piquer par les épines qui recouvraient ses nageoires et sa tête. Certaines espèces étaient même venimeuses… rien d'étonnant à ce que ce poisson soit également appelé crapaud ou scorpion de mer… tant il est impressionnant…

Quant à mon frère qui n'avait pas beaucoup de patience en la matière, il se tortillait très vite dans tous les sens sur sa petite chaise pliante. Il demandait sans cesse à notre père quand les poissons allaient venir… pourtant, il lui arrivait de remonter sa canne à pêche… au bout de laquelle son appât avait disparu…

Pour le repas de midi, nous recherchions un coin d'ombre, maman nous préparait toujours des sandwichs au thon et aux tomates, le tout copieusement arrosé d'huile d'olive qui nous coulait entre les doigts, et nos gourdes bien remplies d'eau mélangée à du sirop de menthe.

Au terme de nos journées de vieux loups des mers, nous espérions trouver des places assises dans l'autobus du retour. Il n'était pas rare que, saoul d'air marin, et la peau tannée par le soleil, bercé et brinquebalé par les mouvements du bus, mon frère ne s'endorme sur mon épaule. Papa nous regardait, souriant et heureux de nous avoir offert une nouvelle partie de pêche.

Mais il devait songer qu'une fois arriver à destination, dans un dernier effort, en plus de son sac à dos, il lui faudrait une fois de plus porter Georges encore endormi, jusqu'à la maison. Et pour ne pas laisser papa se charger de tout notre barda, je l'aiderai de mon mieux avec mes petits moyens.

Une fois à la maison et après que maman eut couché notre frère épuisé par sa journée, nous étions fiers de lui montrer notre pêche. Je me souviens qu'elle avait regardé la grosse rascasse avec méfiance, mais il revenait toujours à papa le soin de nettoyer tous les poissons, que nous retrouvions les jours suivants en friture ou dans une soupe.

*

Le jour du départ approchait à grands pas et maman passait le plus clair de son temps à préparer des cartons. Malgré le peu d'espace de notre logement, le mobilier familial avait été légèrement complété durant les quatre années passées à la rue des Trois Mages. Un camion serait maintenant nécessaire pour en réaliser le déménagement, nous étions aujourd'hui bien loin de l'exode de la rue Fortuné avec la charrette à bras…

Je me souviens de notre première visite au n° 26 de la rue des Forges, située dans le quartier de La Capelette, au cœur du 10ᵉ arrondissement de Marseille. Ce n'est pas sans une grande et profonde émotion que nous sommes arrivés devant le grand portail métallique peint en vert qui s'élevait devant nous et qui nous séparait encore pour quelques minutes de notre nouvelle résidence.

Après avoir poussé la petite porte aménagée dans l'un des deux vantaux du portail, nous découvrîmes deux immeubles identiques qui se faisaient face au milieu d'un grand terrain, dont l'allée principale, bordée de platanes, conduisait à l'usine… Avec mon frère, nous étions ébahis de découvrir notre nouveau terrain de jeux, entièrement délimité par un haut mur de pierres.

Sur ce terrain, il y avait aussi une très vieille bâtisse d'un étage, nous découvrirons qu'elle était occupée par trois sommités de l'usine. Le contremaître de notre père, que j'ai toujours vu vêtu d'un bleu de chauffe et coiffé de la traditionnelle casquette des ouvriers français du Front populaire. Avec son épouse, ils formaient un gentil couple qui me semblait bien vieux pour travailler encore. Au premier étage, ils occupaient l'appartement juste en face de notre bâtiment. Ce vieux monsieur avait construit une grande volière dans son jardin où évoluaient de nombreux pigeons. Il aimait bien notre père et se comportait de même avec nous. Je l'ai accompagné une fois pour donner à manger aux pigeons. Je me souviens avoir été impressionné par les oiseaux qui volaient autour de nous et je n'avais qu'une seule hâte, c'était de sortir au plus vite de cette immense cage.

Dans l'appartement situé sur le côté gauche de cette maison vivait un autre contremaître qui supervisait la partie chimique de l'entreprise. Il régnait sur une quantité d'alambics en acier qui s'élevaient dans la partie la plus sécurisée de l'usine. Nous n'apercevions que rarement sa silhouette malingre, il ne passait jamais devant notre immeuble pour se rendre à son poste de travail.

Je le revois courir en gesticulant vers notre père quand celui-ci arrosait un peu trop abondamment son potager. Il lui criait d'arrêter, parce qu'il allait manquer d'eau pour ses mélanges savants. Il lançait des noms de produits qui m'étaient inconnus et que je ne comprenais pas… mais il tenait bon, car la catastrophe était toujours imminente…

Au rez-de-chaussée, du côté droit et à l'ombre des platanes, s'alignaient, une porte d'entrée et trois fenêtres, sous lesquelles, aux beaux jours, trônaient de grandes jarres égayées de fleurs multicolores. Dans cet appartement vivaient sans enfant un sous-directeur de l'usine et son épouse. Ils possédaient une Ford vedette vert tilleul, que l'on pouvait invariablement admirer chaque dimanche, jour de leurs sorties familiales. Nous nous tenions à respectueuse distance et nous ne manquions pas de les saluer poliment lors de nos furtives rencontres. À ce sujet, ce ne fut pas sans fierté que ma mère reçut de leur part des compliments quant à notre éducation…

Mais cette grande maison avait pris une tout autre dimension dans l'esprit de ma petite sœur Mylène et de Guy, le petit voisin de palier. Ils avaient reçu l'interdiction de ne s'en approcher sous aucun prétexte. Ces recommandations formulées par les parents respectifs avaient ouvert la porte de leur imagination d'enfants, friands de contes fantastiques… et si cette maison biscornue était occupée par des ogres mangeurs d'enfants ?

Elle était devenue la maison de la peur et la proscription du lieu lui conférait à leurs yeux un grand mystère… qui prenait toute son ampleur à la tombée de la nuit et plus particulièrement… les jours d'orage…

Les grands que nous étions avaient reçu la même consigne, mais avec la peur en moins. Il est vrai que, durant les années que nous avons passées dans ce lieu qui enchantera une partie de notre enfance, nous n'avons jamais fait le tour de ce bâtiment et je serais incapable d'en décrire la face cachée.

Maman avait eu la primeur de pousser la porte de notre nouveau domicile. Il s'agissait d'un appartement situé au rez-de-chaussée, composé de trois pièces principales. Une grande cuisine se trouvait sur la gauche de la porte d'entrée, un petit hall débouchait sur sa droite dans le séjour-salon, dont la porte-fenêtre donnait sur le jardin. Plus loin sur la gauche se trouvaient les W.-C. et la salle de bains… avec une vraie douche…

Mais paradoxalement, il faudra encore un peu de temps à maman pour ne plus nous donner notre bain dans le tub de zinc et enfin s'en débarrasser… Un petit couloir se terminait par un placard pris entre deux chambres, dont une que je partageais avec mon frère Georges… quant à notre sœur Mylène, elle dormirait encore pour un temps dans la chambre de nos parents.

Mais avant toute chose, il fallait mettre du sel devant la porte. Même si cette croyance suivie de mise en pratique peut sembler folklorique, maman y était profondément attachée. L'objectif était d'attirer la chance et d'éloigner le mauvais œil… Depuis l'antiquité, le sel était utilisé pour sa capacité à repousser les mauvais esprits. Le sel est un cristal qui aurait la propriété d'émettre des ondes électromagnétiques permettant de supprimer la négativité d'une pièce. Il était donc idéal pour tous les rituels de purification et de protection… Mais, selon maman, en déposer devant la porte ne suffisait pas… elle en a répandu dans tout l'appartement en quantité abondante... Après avoir passé un certain temps à retirer le sel purificateur, notre installation pouvait enfin commencer...

Yannick et ses sœurs Denise et Clotilde, Albert et les siennes, Francine qui sera mon premier flirt, et Danielle qui avait l'âge de ma petite sœur, seront nos nouveaux amis... et pour certains, nos camarades de jeux...

Il y avait aussi Guy, également en rapport d'âge avec Mylène, il sera son amoureux, comme l'on peut l'être à 4 ans, et son grand frère, Olivier, que nous appelions Oli, beaucoup plus âgé que nous, et qui ne faisait pas partie de notre cercle. À l'extérieur, il se faisait appeler Sacha... et fréquentait un milieu dont on ne parlait, à l'époque, qu'au creux de l'oreille... Oli, en plus d'être beau gosse, était toujours très élégamment vêtu. Mais il était en quête permanente de trésorerie pour renouveler ses vêtements. Pour mon plus grand bonheur, nous faisions la même taille, ce qui m'a permis de donner une seconde vie à certains de ses costumes, sans avoir besoin de les retoucher.

C'est à cette époque que j'ai commencé à prendre goût aux cravates. Mon père en possédait une belle collection, elle était pendue à un flexible de rideau qu'il avait fixé à l'intérieur d'une porte de leur armoire. Lorsqu'elle était ouverte, il m'était possible de les admirer, de les toucher, et déjà de penser avec quel costume celle-ci ou celle-là serait le mieux assortie… J'en ai compté une quarantaine, elles étaient toutes en soie, tissées de couleurs diverses et variées, d'une très bonne facture. Il me tardait de pouvoir enfin les porter avec fierté.

Mais un jour, passant devant la chambre de mes parents, alors que maman rangeait quelques affaires dans l'armoire, je m'aperçus de leur absence… Je m'en inquiétais et elle me répondit tout de go :

— Il y a bien longtemps que votre père ne les porte plus, elles sont parties à la poubelle ! » …

Le ciel venait de me tomber sur la tête… C'était le côté ingérable de maman : si tu ne voulais pas qu'une chose à laquelle tu tenais disparaisse… il fallait la faire disparaître avant… C'est ce que j'ai fait avec mon nounours quelque temps plus tard, lorsque je l'ai entendu nous dire :

— Maintenant que vous êtes grand, vous pouvez vous en passer, je vais les jeter ! » …

*

Nos pique-niques

## Vendredi 8 mai 2020

*Carnet de bord d'un confiné à J53…*

Du côté de notre père, le deal avec *la Glycérine* fut respecté, et plus d'une fois un collègue de travail était venu l'appeler, de jour comme de nuit et n'importe quel jour de la semaine, jours fériés inclus… Il y avait toujours une vanne qui fuyait, dont il fallait refaire un joint de brides ou un presse-étoupe, si ce n'était pas une tuyauterie qui était percée ou une soudure qui avait lâché… Il est même arrivé à mon père de passer la nuit et une journée complète pour réaliser un dépannage, il rentrait épuisé à la maison… l'usine devait fonctionner 24 heures sur 24, coûte que coûte… mais heureusement que ces contraintes avaient aussi de bons côtés…

En marge de celui qu'il trouvait au sein de sa famille, pour notre père, le bonheur était aussi dans le pré…

Papa avait également à sa disposition une parcelle de terrain qu'il avait aménagée en jardin potager, après que nous l'ayons au préalable, débarrassée de toutes les ronces et mauvaises herbes qui l'envahissaient… Une opération d'envergure qui avait duré plusieurs jours et à laquelle, avec mon frère, nous avions participé dans la plus grande gaieté… Les journées de labeur se terminaient toujours par un grand feu de joie, dans lequel nous jetions toutes les broussailles fraîchement coupées.

La surface de culture avait été doublée par adjonction d'une portion mitoyenne que le beau-frère de papa, le mari de sa sœur Janette, ne pouvait plus entretenir. Sur ce terrain, il y avait une gloriette en bois entièrement recouverte de rosiers à petites fleurs roses.

Au printemps, toute en fleurs, la gloriette était du plus bel effet. Mon père en avait aménagé une partie en clapiers pour de futurs lapins et dans le fond, en poulailler. L'élevage des poussins, qui se tenaient bien tranquilles dans leur carton percé de trous leur permettant de respirer, avait été réalisé dans notre salle de bains, le temps des travaux, que mon père a dû accélérer, car la patience de maman avait des limites… atteintes notamment le jour où elle est entrée dans la salle de bains pour constater que les poussins, devenus grands, s'étaient éparpillés un peu partout dans la pièce.

Nous étions loin du jour de leur arrivée, quand nous les avions trouvés bien mignons dans leur boule de duvet jaune. Là, ils pioupioutaient gaiement, certains étaient perchés sur les parois de la douche, tandis que d'autres avaient trouvé refuge dans le lavabo… Chacun avait déposé ses fientes, ici ou là, ce qui laissait planer une odeur désagréable dans la pièce…

Maman criait après notre père :

— Tu m'auras tout fait ! Regarde-moi ça ! Il y en a de partout… ce n'est pas une salle de bains, c'est un véritable poulailler ! Et maintenant, qui va nettoyer toute cette m…e ? »

Papa, qui, sous le poids de la responsabilité, n'en menait pas large, s'est mis à la tâche pour rendre un éclat de propreté à la salle de bains.

La colère passa, maman racontera cette anecdote durant des années en y ajoutant une légère touche d'humour :

— Dix-sept poussins ! Dix-sept poussins ! Et il y en avait partout ! Et je ne vous dis pas ce qu'il a fallu faire pour les attraper les uns après les autres. Heureusement qu'ils ont fait le bonheur de quelques dimanches, accompagnés de frites ! » …

Pour les lapins, Janette et Janot seront les premiers géniteurs de tout l'élevage. Nombreux seront ceux qui passeront par notre marmite… sauf Janette, qui coulera une paisible vie de lapine… C'est dans cet élevage que j'ai vu pour la première fois un lapin albinos, tout blanc aux yeux rouges.

Pour nourrir les poules ou pour ramasser les œufs, papa entrait dans le poulailler muni d'un bâton pour éloigner les deux coqs qui venaient lui pincer les mollets… Ils finiront eux aussi à la casserole, un soir de réveillon de Noël, cuisinés en délicieux coq au vin par l'oncle Louis !

Papa était un paysan du dimanche au cœur tendre. Il n'a jamais eu le courage de tuer un seul de ses lapins lui-même. Pour cette sale besogne, comme il disait, il faisait toujours appel à son collègue de travail.

Mais un jour où celui-ci était absent, papa dut prendre son courage à deux mains et tenter lui-même de mettre à mort la bête aux grandes oreilles et, selon la méthode du fameux coup du lapin pour l'assommer, il lui a donné un grand coup, fort et sec, sur la nuque avec la tranche de la main...

Après quelques soubresauts, le lapin s'est enfin figé et ne réagissait plus quand mon père le piquait de la pointe de son couteau. Pour tous ceux qui avaient assisté à l'exécution... il était bel et bien mort...

Mais il fallut dès lors passer à la phase deux... au dépeçage. Papa a incisé la peau de l'animal à la hauteur du ventre, lui taillant comme une ceinture tout autour. Il ne restait plus qu'à tirer sur la peau pour l'enlever. Ne pouvant pas réaliser cette opération tout seul, c'est là que papa a réclamé notre aide... S'adressant à ses deux garçons, il nous a dit :

— Tenez le lapin chacun par une patte arrière, pendant que je tire la peau vers l'avant. »

Avec mon frère, nous nous sommes exécutés. Notre père a commencé à tirer sur la peau, quand soudain, j'ai senti mes mains s'agiter… puis c'est devenu tellement fort que j'ai lâché ma prise. Également surpris, mon frère a fait de même et papa, stupéfié de voir le lapin bouger, a lâché précipitamment aussi la sienne…

Et voilà qu'à notre plus grande surprise, le lapin s'en est allé à toute vitesse, il courait en tous sens dans le champ d'à côté, avec la moitié de sa peau rabattue sur sa tête. Mais la course de la pauvre bête n'a duré que quelques secondes qui nous ont paru une éternité, avant que le lapin ne s'immobilisât définitivement, certainement mort dans d'horribles souffrances.

Médusée, notre sœur a assisté à cette horrible scène… qui la marquera durant de nombreuses années… Papa était complètement désolé et il se sentait tellement mal d'avoir raté son coup du lapin…

Nous avons toujours pensé qu'il avait dû tellement se sentir coupable au moment de donner son coup sur la nuque de l'animal, qu'il avait probablement, d'une manière inconsciente, retenu son geste et que le lapin avait été seulement assommé et qu'il avait repris conscience au moment où mon père a commencé à le dépecer.

En règle générale, papa n'aimait pas s'adonner à la mise à mort d'un animal, mais concernant ses lapins, il en est resté traumatisé quelque temps et il n'a plus jamais renouvelé la tentative. Mais, en marge de cet horrible épisode qui l'avait profondément marqué, mon père était heureux dans son jardin potager, les plantations étaient dressées au cordeau, tout comme dans son travail à l'usine, il avait de la rigueur pour l'entretenir. Les légumes poussaient à foison, courgettes, aubergines, haricots verts, petits pois… pour le bonheur de la cuisine de maman. Je n'ai jamais vu de légumes aussi gros. Il en était de même pour les salades, frisées, chicorées ou laitues. Dans le microcosme où nous habitions, il était le seul à cultiver des légumes dont il faisait profiter les autres résidents.

Il n'y avait qu'avec les tomates que papa rencontrait des difficultés… Il les voyait bien pousser, grossir et rougir… puis elles disparaissaient… Ce qui avait de quoi l'intriguer et le décider à mener une enquête.

Un matin, de très bonne heure, il se cacha dans la gloriette. Mais quelle ne fut pas sa surprise en apercevant deux ouvriers de l'usine se glisser dans le potager et se diriger vers ses plants de tomates… Il les a laissés approcher… plus près… plus près encore… et au moment où l'un d'eux posa sa main sur le fruit du délit… il est sorti précipitamment de sa cachette en les invectivant. Surpris par la subite apparition de mon père qu'ils ne s'attendaient pas à voir dans le potager au petit matin, les deux chapardeurs ont pris la fuite pour ne plus jamais revenir.

Papa nous racontait qu'il lui arrivait de les rencontrer dans l'usine et qu'ils faisaient profil bas en le croisant... Après cet épisode, nous n'avons jamais trouvé nos salades de tomates aussi bonnes et nous les dégustions avec une petite pensée pour les deux protagonistes. Papa ne manquait jamais d'ajouter : *en voilà encore d'autres qu'ils n'auront pas eues !* ... et nous partions tous les cinq dans des éclats de rire...

Ma petite sœur passait beaucoup de temps dans le jardin potager avec papa et elle en revenait les joues couleur de pêche. Elle adorait jouer à la petite fermière et maman était toute fière lorsque sa fille rapportait à la maison un panier débordant de beaux légumes fraîchement cueillis, elle était un peu devenue notre *Martine à la ferme*...

Puis, quand l'hiver succédait à l'automne, le potager finissait par sombrer dans un profond sommeil. De la fenêtre de notre chambre, nous l'apercevions parfois recouvert d'une fine pellicule de gelée qui scintillait sous le soleil... Papa continuait à nourrir ses lapins et ses poules, tout en sachant que l'une d'elles finirait par passer à la casserole...

*

Avec mon frère, nous basculions dans notre adolescence et notre cercle d'amis s'étoffait. Nous avions également fait la connaissance de deux sœurs,

Jacqueline et Juliette, J sénior et J junior, qui habitaient au début de la rue des Forges, juste à côté de l'entrepôt de charbon, bois et fuel Livi, qui disait être le cousin d'Yves Montand.

Ces jeunes filles se sont jointes à notre groupe et c'est en leur compagnie que nous partions explorer les voitures de la casse automobile qui s'étendait en face de nos immeubles et qui nous semblait être à l'abandon. Nous y entrions par un trou dans la clôture, certainement aménagé par des personnes en quête de pièces.

Au cours de nos explorations dans *la ferraille* comme nous l'appelions, nous avons fait la découverte d'une magnifique voiture américaine, si large que nous tenions à quatre sur chaque banquette et c'est à son bord que nous parcourions dans notre imaginaire la route 66... puis, petit à petit, les véhicules ont été évacués, laissant la place à un champ de désolation...

*

À l'école communale de La Capelette, j'ai fait la connaissance d'un autre Marcel, dont le père était patron conducteur de taxi. Il était aussi le propriétaire d'une grande maison dans le quartier, dont le sous-sol était aménagé en discothèque. Nous y avons passé de nombreux dimanches à faire des boums... bien avant Sophie Marceau... Et deux réveillons de Nouvel An... Malgré notre écart de deux ans, avec l'accord de nos parents, mon frère Georges m'a quelquefois accompagné. Je faisais la promesse de garder un œil sur lui, mais c'était plutôt le contraire. Il n'est pas utile de préciser que ces rassemblements d'adolescents étaient fortement propices aux premiers émois amoureux et à l'éveil sexuel à travers nos premiers slows. Qui n'a pas emballé sur *Les neiges du Kilimandjaro* avec Pascal Danel, sur *A Whiter Shade Of Pale* de Procol Harum ou sur *When A Man Loves A Woman* de Percy Sledge... Otis Redding, sans oublier nos petits Français de *Salut les Copains*... Il fallait bien que jeunesse se fasse... Toutes nos fêtes se déroulaient sous la bienveillance des parents de Marcel, qui filtraient nos entrées... et plus particulièrement nos consommations... avec lesquelles il n'y a jamais eu de souci.

Il y avait également les salles de cinéma qui étaient aussi favorables aux rencontres amoureuses et aux premiers flirts... Notre lieu de rendez-vous était situé à la limite de notre quartier et de celui de Menpenti, le *Royal*, où nous allions dépenser notre argent de poche pour voir un film et manger une glace à l'entracte... Nous vivions dans notre monde de tendre et douce jeunesse qui nous tenait à distance de celui des adultes, lequel nous semblait plus précaire face à l'usure du temps... Nous nous sentions invulnérables !...

C'est là que je rencontrerai M., une jolie brunette de 14 ans qui deviendra quelques années plus tard ma première femme et qui donnera naissance à notre fils, P.

*

Atelier de *la Glycérine*
Papa au 1er rang, 2e en partant de la droite

## Samedi 9 mai 2020

*Carnet de bord d'un confiné à J54...*
*C'est fini !...*

Emportés par l'effervescence de notre joie de vivre, nous ne pouvions pas mesurer combien notre bonheur était fragile et que la carapace dans laquelle nous enfermions notre adolescence n'allait pas nous protéger bien longtemps du monde dans lequel évoluaient les adultes...

Nous étions bien loin de nous douter qu'un séisme était en train de couver et que nous serions emportés par un tsunami... Des bruits de fermeture de *la Glycérine* avaient commencé à circuler. Dans les conversations de nos parents, nous entendions pour la première fois des termes qui nous étaient jusqu'alors inconnus, fusion, restructuration, optimisation, mais chacun d'eux nous conduisait à la même conclusion : licenciements !... Nous dressions tous le même constat... le sel n'avait pas rempli son pouvoir protecteur...

La direction de l'usine a consenti à nos parents un préavis pour quitter l'appartement mis à notre disposition, que, sans tarder, maman consacra à la recherche d'un nouveau logement.

Nous étions bien loin des programmes de reconversion de nos jours. De son côté, papa écumait le marché du travail, effectuant des essais ici ou là. Il finit par trouver un poste de chaudronnier chez un petit artisan… Mais nous voyions bien qu'il n'était plus l'homme heureux qui cultivait son potager et qui ne rechignait pas à être dérangé de jour comme de nuit pour effectuer un dépannage à l'usine…

Heureusement que, grâce à l'appui d'anciens collègues de *la Glycérine*, il put être embauché chez Richardson, où il poursuivra sa carrière jusqu'à l'âge de la préretraite.

Mais le temps semblait s'accélérer pour nous projeter vers l'inéluctable échéance… de notre départ… Maman continuait à remplir des cartons de ses jours heureux… Je la revois tenant dans ses mains un petit tonneau posé sur un support que papa avait réalisé en cuivre rouge et jaune et que je conserve comme un trésor du temps passé… C'était une tirelire qui pouvait contenir tout au plus une trentaine de pièces d'un franc de l'époque.

Ce n'était pas le tonneau des Danaïdes. Il fut la mine d'or de la maison, c'est avec les économies qu'il permettait de réaliser que nos parents purent acheter une salle à manger complète, en polyester et comprenant un bahut, une table et six chaises, ainsi que des lits jumeaux pour notre chambre.

La cuisine avait également été équipée d'une table en Formica de couleur vert d'eau avec quatre chaises et deux tabourets, d'un réfrigérateur qui remplacera la vieille glacière de la rue des Trois Mages, dans laquelle maman mettait un morceau de pain de glace qu'elle achetait tous les matins au camion des glacières de Paris, qui faisait sa tournée de livraison... Et enfin, un téléviseur couleur qui prendra la place du vieux poste qui avait fini par nous lâcher, vestige de ma glorieuse et éphémère période scolaire...

Les recherches de maman ont fini par porter leurs fruits. Elle finit par trouver un appartement à la résidence de La Pauline. Bien que située dans le 9$^e$ arrondissement, nous nous éloignions encore un peu plus du centre-ville de notre enfance...

Il s'agissait d'une copropriété privée bâtie entre le quartier de la Capelette et le noyau villageois de Sainte-Marguerite. Vingt-huit bâtiments à taille humaine, agrémentés d'un parc arboré avec son église et ses commerces d'alimentation. Pour nous encourager, nous nous disions qu'il y ferait aussi bon vivre... et puis, nous n'étions pas bien loin de certains de nos amis, il nous suffisait de passer le pont qui enjambait l'Huveaune pour se retrouver dans la rue des Forges...

Il était temps de refermer derrière nous la porte du château de notre mère... Avec maman, Georges et Mylène, nous avons fait un dernier tour à la rue des Forges.

Je revois maman qui, après un instant d'hésitation, d'une main tremblante, ouvrit enfin la porte d'entrée de l'appartement que nous avions quitté quelques jours plus tôt. Par la porte-fenêtre du séjour-salon, un dernier rayon de lumière pénétrait dans la maison comme une lame dans la chair, dans notre chair…

J'ai contemplé une dernière fois le carré de fleurs dans lequel papa avait mis tant de cœur pour l'entretenir en se battant sans relâche contre les herbes folles ; des rosiers y poussaient dans un tapis de pourpiers vivaces multicolores.

Les cris de nos jeux résonnaient encore dans l'air, mais les images en étaient floues… Cette pièce vibrait encore du souvenir de nos repas et de nos fêtes, passés en famille. Les yeux clos, il m'a semblé entendre nos voix mêlées ricocher sur les murs dans une cacophonie assourdissante. Il était temps de partir, de fermer les volets sur ce passé qui s'agitait et se débattait pour ne pas mourir, mais en vain…

Je suis passé ensuite dans notre chambre où d'une main tremblante j'ai caressé les murs et sous mes doigts, il m'a semblé sentir la douceur des draps qui m'enveloppaient lorsque le soir, cherchant le sommeil, avec mon frère Georges nous rêvions à des lendemains radieux…

Nos conversations arrivaient maintenant comme un murmure à mes oreilles, mon cœur s'est alors serré dans ma poitrine et ma gorge s'est nouée, refoulant un sanglot. Georges m'a regardé, des larmes dans les yeux. Mylène nous suivait sans trop bien comprendre pourquoi l'appartement était désormais vide.

J'ai enfin quitté la pièce pour entrer dans la chambre de mes parents. Je les revoyais traversant les quatre années de bonheur que nous avions partagées, mêlées de divers sentiments. Regardant l'emplacement de l'armoire, j'ai repensé à la destinée des cravates de mon père…

Nous nous sommes retrouvés dans le hall de l'entrée. De là, j'ai aperçu la cuisine et son coin repas. Là encore, combien de souvenirs nous survivront-ils, avant que d'autres, qui ne nous appartiendront pas, ne les remplacent ?

Mais il fallut nous résoudre à partir, à nous arracher à ce décor qui nous déchirait l'âme et le cœur. J'eus l'impression de marcher à reculons et d'exécuter mes gestes et mes pas, comme dans un film dont les images auraient défilé au ralenti…

Maman a refermé la porte sur la maison vide. Dans la serrure, les tours de clé ont résonné et se sont perdus dans un écho de cachot. Nous sommes restés figés devant la porte à la regarder, impuissants, mais résignés et submergés par un bizarre sentiment d'être enfermés à l'extérieur, comme prisonniers de notre bulle de tourments… Nous étions conscients que jamais plus nous ne franchirions ce seuil… et c'est à regret que nous avons quitté notre petit paradis…

Avant de quitter définitivement ce lieu qui avait enchanté une courte partie de mon adolescence, je suis passé une dernière fois par le jardin potager de mon père. Je ne fus pas surpris de constater que la nature avait commencé à reprendre possession de la parcelle qui n'était plus entretenue. Les herbes sauvages avaient déjà envahi les sillons de plantations où quelques légumes rachitiques tentaient de défier l'abandon dans lequel ils étaient désormais plongés.

Je poussais mes investigations jusqu'à la gloriette, du moins ce qu'il en restait. Les rosiers qui la recouvraient et qui faisaient tout son charme dès l'arrivée du printemps avaient poussé dans un désordre de désolation.

La porte désarticulée et aux vitres brisées gisait à même le sol. Il m'a fallu franchir un rideau d'épines pour accéder aux clapiers, qui eux-mêmes, avaient été vandalisés… Difficile d'imaginer mon père responsable de ce carnage que seule la colère aurait pu éventuellement expliquer… mais nous le savions incapable d'une telle réaction.

Seul au milieu de ce saccage inutile et incompréhensible, je fermai les yeux pour me laisser envahir par les images d'un passé encore vivace… J'ai revu mon père rayonnant du bonheur qu'il nous faisait partager, donner à manger aux lapins et ma petite sœur qui tenait dans ses mains le petit lapin albinos.

J'ai aussi entendu mon père vociférer après les deux coqs qui venaient lui pincer les mollets quand il entrait dans le poulailler... Il m'a semblé que les senteurs mêlées de la paille, du foin, du blé et du maïs imprégnaient encore l'air...

Mais là, rien de tout cela, il n'y avait qu'un silence assourdissant et l'odeur de la terre humide qui remplissait l'espace...

Rebroussant chemin, j'ai aperçu mon frère qui tenait notre petite sœur par la main. Ils s'étaient arrêtés à la lisière du potager, paralysés par l'abondance des souvenirs que nous allions laisser derrière nous et qui les assaillaient, ils n'avaient pas pu me suivre.

C'est en traînant les pieds et la tête embrumée par nos tristes pensées que nous avons rejoint maman en grande conversation avec madame C. notre voisine qui avait occupé l'appartement du premier étage, juste au-dessus du nôtre.

S'en sont suivies des embrassades et des étreintes chaleureuses mouillées de larmes et de la promesse des revoyures, ou encore *donnez-nous de vos nouvelles... nous ne manquerons pas de prendre des vôtres ! ... Adieu !... Mais non ! Au revoir !...* des engagements qui n'engagent à rien et qui ne seront pas tenus, parce qu'ils se dissoudront avec le temps... pour plonger dans l'oubli...

Un dernier regard aux petits immeubles qui se sont peu à peu vidés de leurs occupants, livrés à eux-mêmes, ils gisent comme un amas de béton, de fer et de bois, inutiles… Depuis le portail vert que nous avions franchi le cœur plein de joie quelques années plus tôt, j'ai eu du mal à quitter des yeux ce qui fût notre maison.

Que les jours passés-là avaient été beaux dans leur ensemble ! Mais leurs images se brouillaient, des larmes inondaient mon visage, je regardais maman et Georges, ils pleuraient aussi… Mylène serrant toujours sa poupée dans ses bras nous regardait, toujours sans trop comprendre les raisons de notre peine… Il était venu le temps de partir en emportant nos souvenirs, notre vie devait reprendre sous d'autres cieux…

J'entends encore résonner à mes oreilles le grincement des gonds du portillon et son lourd bruit métallique quand il s'est bruyamment refermé sur nous…

*

Le samedi 23 janvier 1988, de passage à Marseille, j'ai décidé de faire un pèlerinage rue des Forges à La Capelette. Arrivé sur place, j'ai fait quelques pas dans la rue, puis m'arrêtant, j'ai écouté les bruits environnants.

Je savourais les souvenirs qui revenaient à ma mémoire. Les cris de nos jeux et de nos parties de rires bourdonnaient à mes oreilles. À ma grande surprise, j'ai constaté alors que la numérotation de la rue avait été modifiée, le n° 26 se trouvait maintenant à l'angle de la rue des Forges et du boulevard Saint-Jean du Désert...

Mais ce n'était pas le seul changement. Ma rue avait pris des dimensions sociétales que notre époque aurait été bien loin d'imaginer pour nos besoins d'alors.

À la place de *la ferraille* a été construit un établissement d'enseignement secondaire, l'Organisation Reconstruction Travail, plus connu sous l'acronyme ORT de Marseille – Léon Bramson, et en remplacement des maisons vieillottes qui s'alignaient sur le trottoir qui lui faisait face, un immeuble s'étalait désormais sur toute cette portion qui s'étirait en une longue ligne droite...

Puis, j'ai remonté cette nouvelle rue des Forges jusqu'à l'emplacement du grand portail vert qui marquait jadis l'entrée de notre domaine... Lui aussi avait disparu... Il ne restait plus rien de notre n° 26 où nous avions passé quatre années de notre vie, de 1962 à 1966, rien ne subsistait de cette rue animée et riante sous le soleil, avec ses couleurs et ses odeurs connues.

La rue Paul Lucchesi, qui n'existait pas alors, traversait ce qui fut notre petit paradis, le découpant en deux parties inégales. Sur la droite, la plus petite des deux, s'était implantée une mini zone commerciale, on y trouvait le bâtiment de Provence

Café, l'entreprise Lafarge Bétons, un gymnase, une station-service, un vendeur de véhicules d'occasions… et bien d'autres activités ou bureaux administratifs.

Sur le côté gauche de cette rue transversale, où s'étalait la plus grande parcelle, à la place des deux petits immeubles et sur une bonne partie qu'occupait alors l'usine, avait pris place le collège Louise Michel avec son parking, sa dizaine de bâtiments abritant les salles de classe et sa grande cour… d'où montaient maintenant de nouveaux cris d'adolescents, en remplacement des nôtres…

Je me suis arrêté un instant pour contempler ce nouveau décor dans lequel j'évoluais comme un étranger dans une ville qui lui était inconnue. Me perdant dans mes souvenirs, je me suis demandé ce que mes premières amours étaient devenues, prenant conscience que je les avais traversées en toute innocence.

Il en était de même pour Yannick, Albert, Sacha, Jacqueline, Juliette… et tous les autres… dont quelques rares nouvelles nous étaient parvenues pour finir par se déliter avec le temps…

Autour de moi, il n'y avait plus que des murs anonymes et entre ces murs, une transparence vivace et personnelle, dans laquelle apparaissait en filigrane une tranche de ma vie.

Soudain, cette nouvelle rue m'est apparue sombre et sa continuité se perdait dans le néant. Bien qu'elle débouchât toujours sur la citée de La Pauline, elle avait fini par m'engloutir.

Qui se souvenait de nous aujourd'hui ? Qui pouvait encore savoir qu'ici s'élevait une usine où mon père, en sa qualité de chaudronnier, assurait une partie de l'entretien et qu'entre mes 13 et 14 ans, durant les grandes vacances scolaires, j'avais été son manœuvre ? Et que dans ses moments de détente, peut-être à l'emplacement même du dépôt du vendeur de véhicules d'occasions, il avait entretenu un jardin potager, nourri des lapins et des poules qui avaient fait le bonheur de nos repas ?

Le déroulement des événements qui nous ont fait basculer dans une période de désespoir et de découragement nous a donné à prendre conscience que le château de notre mère n'avait été, en fait, qu'un château de cartes, et que lui aussi n'avait pas résisté au tsunami qui l'avait emporté à son tour…

*

## Dimanche 10 mai 2020

*Carnet de bord d'un confiné à J55…*
*Épilogue…*

Il aura donc fallu cette longue et contraignante période de confinement qui nous a été infligée par l'épidémie de la Covid-19 pour que je trouve la force de me replonger dans mes souvenirs d'enfance…

Nous avons été déconfinés le dimanche 10 mai 2020… Mais nous ne serons pas pour autant débarrassés de la Covid-19… Il nous faudra pour un temps continuer à observer nos gestes de barrière sanitaire et de distanciation sociale, pour celles et ceux qui le souhaitent, dont je fais partie, porter aussi un masque.

C'est là qu'avait pris fin ce que j'avais intitulé, mon *Carnet de bord d'un confiné* et que, d'une manière parcellaire, j'avais publié sur ma page Facebook.

Vous avez été nombreux à me suivre… Il en est même certains qui seront passés sans laisser de trace, c'était leur choix et je l'ai respecté…

Personnellement, les jours qui suivirent, vous m'avez manqué, je commençais à prendre l'habitude de nos rendez-vous quotidiens et à ce sujet, je vous remercie du fond du cœur de m'avoir suivi, pour votre soutien et vos encouragements, ils me sont allés droit au cœur.

C'est pour cela que je ne pouvais pas en rester là, et que l'ensemble de mes souvenirs d'enfance devait faire l'objet d'une profonde correction et également être complétés avant leur publication.

Mais, je ne terminerai pas sans rendre un dernier hommage aux trois membres de ma famille qui me sont les plus chers et qui ne sont plus. À commencer par maman qui nous a quittés le 1$^{er}$ octobre 1986 à l'âge de 58 ans, après quatre années de souffrances, des suites d'une longue maladie, comme l'on disait à l'époque.

Je venais d'arriver à mon bureau lorsque mon frère m'a appelé en urgence. Hospitalisée depuis de nombreuses semaines, maman était entrée dans le coma depuis deux heures du matin. J'accourus aussitôt à son chevet. À mon arrivée, son corps était abandonné de toute vie. Je me suis penché pour lui parler, sachant bien que ma voix ne parviendrait plus jusqu'à elle, ou du moins, si mes paroles atteignaient son âme, que je n'en obtiendrais aucune réponse.

Aujourd'hui encore, j'ignore quelle force m'a poussé à la sortie de mon bureau pour passer au chevet de maman. Elle était encore consciente, bien que très affaiblie et épuisée par la difficile bataille qu'elle livrait contre la maladie.

Papa était resté toute la journée à ses côtés, il avait du mal à dissimuler son inquiétude et son visage exprimait une certaine gravité. De temps à autre, je l'observais glisser une couche de ouate sous le flanc droit de maman. Du regard, je l'ai interrogé et j'ai suivi le sien, il a délicatement soulevé le drap, je constatai alors que le lit était maculé de sang... Il m'a fait comprendre que maman faisait une hémorragie...

C'est dans cette angoissante incertitude que je l'ai quittée...

Maman a souffert toute la nuit dans un combat perdu d'avance et rien n'était plus douloureux que l'inutilité de ce suprême effort. Cette pensée m'emplit aussitôt d'une vénération immense, je sentis s'abîmer tout mon être dans un gouffre d'amour et de détresse, tombant à genoux aux pieds du lit, j'enfonçai mon front dans les draps pour y étouffer mes sanglots.

Ce n'était pas uniquement de tristesse que je pleurais, mon admiration pour ce cœur qui ne livrait jamais accès à rien de vil, qui ne battait que pour autrui, qui s'offrait sans cesse au devoir, non point tant par dévotion que par inclination naturelle et avec tant d'humilité, que maman aurait pu dire avec Malherbe, mais avec combien plus de sincérité :

> — J'ai toujours tenu ma servitude comme une offrande si méprisable, qu'à quelque autel que je la porte, ce n'est jamais qu'avec honte et d'une main tremblante. »

Surtout, j'admirais ce constant effort qu'avait été sa vie pour se rapprocher un peu plus de tout ce qui lui paraissait aimable, ou qui méritait d'être aimé…

*

Maman a été inhumée le 3 octobre… jour de la Saint Gérard… Avait-elle peur que je l'oublie ? … Je revois le cercueil de chêne verni, recouvert de fleurs, de gerbes et de couronnes, posé au centre de la chapelle ardente au dépositoire du Pharo, encadré par quatre chandeliers qui diffusaient une lumière diaphane. L'odeur du cierge brûlé m'incommodait, mais je ne quittais pas des yeux le cercueil dans lequel maman était enfermée.

J'avais du mal à prendre conscience que maman ne reviendrait plus, qu'elle ne serait plus ma complice, ma confidente et que je venais de perdre le modèle auquel, avec fierté, je tenais tant à ressembler.

En plus de la famille, la foule est venue nombreuse pour assister à ses obsèques, comme le signe d'une certaine reconnaissance. Il y avait un collègue de mon travail en représentation, des voisins et des amis de mes parents. Chacun arborait le visage qui convenait à la circonstance, certains empreints de sincérité, les autres compatissants.

La chapelle n'était pas suffisamment grande pour contenir tout ce monde, les derniers arrivés sont restés debout au fond de la salle. Après une courte cérémonie religieuse au cours de laquelle, dans son homélie, le prêtre a brossé un portrait élogieux de maman, le cortège formé, nous sommes partis en direction du cimetière Saint-Pierre pour l'inhumation en terre commune.

Nous ne sommes pas intervenus auprès de mon père pour l'organisation des obsèques, tout le moins, pour lui donner quelques conseils. Dans son chagrin, il était allé au plus simple.

Au terme du chemin qui nous a conduits au cimetière, sitôt franchies les hautes grilles de fer qui cernent les lieux, l'atmosphère a changé du tout au tout. Au bourdonnement de la ville s'est substituée une surprenante quiétude.

Par la fenêtre de la voiture dans laquelle j'avais pris place, j'ai remarqué sur la gauche un petit bâtiment blanchi à la chaux, au mur duquel étaient suspendus quantité d'arrosoirs de plastique vert ou noir. L'atmosphère était oppressante. À perte de vue s'allongeait un alignement de pierres tombales gravées d'épitaphes, de noms de défunts et de dates définissant le début et la fin de leur passage parmi les hommes.

Dernières demeures pour familles désireuses de marquer *ad vitam aeternam* leur passage en ce bas monde. Au pied de nombreuses tombes, des fleurs, parfois naturelles et fanées, d'autres en soie, en matière plastique ou en porcelaine…

Le piétinement de la foule s'est enfin arrêté et le prêtre a invité l'assemblée à un dernier recueillement avant la mise en terre. Des images ont défilé devant mes yeux, d'abord floues puis de plus en plus précises. Je nous revois, droits comme des échardes plantées en plein cœur devant le trou sombre. Les yeux rougis d'avoir trop pleuré, les visages déformés par la douleur. Quel contraste sous ce magnifique ciel pur.

Contraste dérisoire. Mais la réalité était bien là, entre nous et ce trou où la mort allait engloutir tous mes souvenirs maternels. Ce trou faisait un autre trou encore plus noir, par lequel notre avenir devrait désormais passer. À cet instant même, j'ai compris combien on pouvait haïr sa propre vie.

J'étais si vivant sans raison pour l'être encore vraiment. J'aurais voulu m'arracher de ce lieu, comme une mauvaise herbe. Le bonheur ne prépare pas à ces instants pénibles qui nous plongent dans une profonde détresse à laquelle nous ne sommes jamais prêts, au départ d'êtres chers vers un lieu d'où l'on ne revient jamais. Tout simplement, à la perte de ceux qui nous semblent acquis à jamais, ceux que l'on imagine immortels…

Je garderai longtemps le souvenir de son calme visage, de son front pur, de sa bouche un peu sévère, de ses souriants regards qui versèrent tant de bonté sur mon enfance. Je voudrais, pour parler de notre mère, inventer des mots plus vibrants, plus respectueux et plus tendres.

Le bruit de la terre qui tombait sur le cercueil m'a rappelé soudain à la réalité, les fossoyeurs s'activaient à combler ce trou noir du désespoir. J'ai eu la sensation d'être enseveli avec lui et qu'au fur et à mesure, la terre pénétrait dans ma bouche et m'étouffait... Nous sommes restés là, immobiles et silencieux jusqu'à la dernière pelletée... Dans un ultime geste, l'un des fossoyeurs planta une simple croix de bois pour rappeler que ci-gisait, Marie-Rose Giordano, née Coullomb, et deux dates : 4 juillet 1928 – 1ᵉʳ octobre 1986...

*

Durant les jours suivants, il m'a été difficile d'imaginer que plus jamais je ne pourrais la serrer dans mes bras, poser tendrement ma tête sur son sein comme j'aimais à le faire dans mon enfance en disant *maman, je t'aime !* À ces mots, elle posait alors sur moi un tendre regard chargé de tout son amour sous lequel je me sentais invulnérable.

Elle était toujours là pour adoucir mes difficultés ou pour m'aider à les surmonter. On dit que le temps efface toutes les douleurs, mais jamais les souvenirs. Ce serait hypocrite de ma part de dire que je n'oublierai pas certaines images des derniers jours de sa vie, car ce ne sont pas les meilleures. Je préférerais garder d'elle celles qui ont illuminé mon cœur comme un rayon de soleil, dans lequel il y aura toujours un peu d'elle qui brillera. Ses souffrances ont pris fin et maintenant elle repose en paix, c'est la seule consolation que je peux retenir de son absence...

C'est à cette époque que j'ai commencé à noircir des pages de cahiers. Dans mes moments de tristesse, il m'arrivait de lever les yeux au ciel, mais j'avais perdu le regard que je lui portais lors de ma communion solennelle et je le trouvais bien sombre…

Quand je m'adressais à la Vierge Marie, je lui demandais pourquoi elle avait abandonné maman, la mère qu'elle avait visitée lorsqu'en son sein elle portait ma petite sœur... ce sein qui finira par la perdre…

Tout comme je l'avais fait au soir de ce 3 octobre, comme par défi, je suis sorti dans le jardin. Je voulais braver Dieu pour nous avoir pris maman bien trop tôt.

Moi, pauvre pêcheur, soumettre au créateur la réalité de ma douleur en offrant à l'immensité des ténèbres mon torse nu afin que Dieu puisse voir mon cœur meurtri, saigné à blanc. Mais combien je me suis senti petit dans le silence et la profondeur de la nuit, où seul l'écho répondait à mes cris de douleur !

J'ai alors pu mesurer mon impuissance et renoncer à combattre. Seul dans l'humidité de la nuit, souhaitant voir paraître maman et me blottir encore une fois au creux de ses bras. En vain j'ai attendu un geste de l'au-delà. La lumière diffusée par la lune enveloppait d'un halo blafard les branches dépouillées du platane qui trônait au milieu de la cour, dressant ses branches nues vers le ciel comme dans une prière.

Mon cri de détresse s'est perdu dans les ténèbres : *prie pour moi, qui, en ce jour, cherche ma foi. Adresse à Dieu cette prière dont j'ai oublié les mots et dis-lui combien est profonde ma tristesse...*

\*

Lorsque maman a parlé de son cancer à son entourage, j'ai appris qu'une personne qui lui était pourtant très proche, mais que la décence qu'elle m'a inculquée ne m'autorise pas à citer, avait alors détourné les yeux, comme dans un déni de réalité... *Couvre ce sein que je ne saurais voir...* Je n'ai jamais mis la parole de ma mère en doute sur le sujet et j'ai longtemps gardé une sourde rancune envers cette personne...

\*

Nous savions tous qu'en perdant maman, nous allions perdre davantage, notre mère était la clé de voûte de l'édifice familial... Après son départ, il a commencé à se fissurer...

\*

Maman n'avait pas fini de nous rappeler à son souvenir. Nous allions quelques mois plus tard devoir affronter une nouvelle épreuve douloureuse. Il y a bien des jours qui ne devraient pas faire partie de l'existence des hommes… ce jeudi 21 mai 1987 en fait partie…

Il n'avait jamais autant plu qu'en cet automne 1986 et à chaque averse, je pensais qu'au cimetière Saint-Pierre où reposait ma mère, l'eau devait s'infiltrer dans la terre meuble jusqu'à toucher son cercueil.

Cet épisode méditerranéen a incité notre tante L. à proposer à mon père une place dans le caveau familial du cousin de son défunt mari. Papa a accepté et nous devions procéder au transfert du cercueil de maman, inhumée à la hâte en terre commune. Mais pour cela, il fallait procéder à son exhumation…

Par la belle journée de printemps de ce 21 mai 1987, combien étions-nous à attendre la confrontation avec les souvenirs encore vivaces dans nos mémoires ? Il y avait papa bien sûr ! Mon frère Georges et moi, notre tante L. et un commissaire de police chargé de superviser l'opération.

En vérité, il devait vérifier qu'il s'agissait du bon cercueil et que nous ne procédions pas à un quelconque trafic, récupération de bijoux ou quelque argent caché lors de l'inhumation. Bien que certainement rodé à cette situation, il semblait gêné par son intrusion dans notre intimité familiale.

Les fossoyeurs ont commencé leur terrassement, tout se passait bien, peu à peu, le cercueil de maman fut dégagé de la terre qui le recouvrait. Nous avons constaté que le couvercle était abîmé, le bois avait travaillé et il était fendu sur toute sa longueur. Il est vrai que l'automne et l'hiver passés avaient été pluvieux, ce qui pouvait expliquer cette détérioration causée par le poids de la terre détrempée.

Chacun de nous hésitait à s'approcher, tétanisé par la peur d'apercevoir la dépouille de maman par l'espace ainsi ménagé entre les planches du couvercle.

Les fossoyeurs tiraient sur leurs crochets pour extraire le cercueil, mais celui-ci restait collé au fond du trou… Un des hommes, peut-être le chef d'équipe, nous a expliqué que cela arrivait souvent après la saison des pluies, l'eau infiltrée dans la terre meuble s'était transformée en boue collante.

S'approchant de nous, il nous a dit que cette opération présentait un certain risque : il peut arriver que le fond du cercueil se détache, il est alors sorti par morceau et le corps du défunt est visible… Il nous conseilla de nous retirer et d'attendre qu'ils en aient terminé. Malgré notre inquiétude, nous avons préféré rester.

Sous l'effort des hommes, le bois craquait et gémissait, nous échangions des regards empreints d'angoisse. Ils tiraient encore, le cercueil craquait de plus belle, mais restait toujours accroché au fond de son trou… comme si maman refusait de partir de ce lieu pourtant si austère…

Lors du décès de maman, nous n'avions pas suggéré à papa de prendre une concession dans la Cathédrale du silence. Bien qu'enfermés dans des alvéoles et empilés les uns sur les autres, les cercueils sont mieux protégés des intempéries. Je crois que, devant ce spectacle, chacun de nous a regretté de ne pas avoir influencé notre père pour le choix de cette option.

Mais soudain, une exclamation générale m'a tiré de mes pensées. C'était fait, le cercueil avait enfin lâché prise et, à notre grand soulagement, il était remonté entier à la surface. Posé sur des tréteaux, après les vérifications effectuées par le policier, papa a entrepris un bon nettoyage. Ses gestes étaient doux et appliqués, tout comme ceux d'un homme qui caresse le corps de sa bien-aimée. J'ai perçu quelques larmes dans ses yeux, il n'était pas le seul, nous avions tous du mal à retenir notre émotion.

Après quelques minutes de recueillement, nous avons pris le chemin du cimetière du Cannet où maman allait reposer dans le caveau de la famille D. Je n'étais pas encore conscient que nous commettions une nouvelle erreur…

\*

Papa a survécu à notre mère dix-huit années, qu'il a passées seul. Il n'a jamais songé à remplacer la femme qu'il avait aimée toute sa vie. Quand je lui rendais visite, lors de mes rares passages à Marseille, Il m'était impossible de consulter les albums et encore moins de fouiller dans la boîte de biscuits en fer blanc où étaient entassées les photos de nos souvenirs familiaux. Papa les conservait religieusement et refusait de s'en séparer. Quand je lui demandais de me les confier, il répondait toujours : *on verra plus tard !*

Je comprenais bien que pour lui, c'était très difficile de replonger dans notre passé, pour moi non plus ce n'était pas facile. Mais à cette occasion, j'aurais aimé également récupérer des photos de mon enfance, des souvenirs plus personnels, de mes années de maternelle et de l'école communale. Heureusement que dans ma jeunesse, j'ai fait un peu de photographie en amateur et j'ai, de ce fait, quelques clichés de notre famille. Mais cela ne remplacera jamais ceux qui me touchent le plus, le début de nous…

Mais, durant cette période, il faut reconnaître que mon frère Georges a eu beaucoup de mérite. Il était resté à Marseille avec sa famille, notre sœur s'était installée à Lyon et moi à Draguignan. C'est donc bien seul que mon frère a dû faire face aux problèmes de santé de notre père.

Lors de nos échanges téléphoniques, il me décrivait les situations dans lesquelles il lui arrivait de trouver notre père... À plusieurs reprises, il l'avait découvert inconscient, allongé sur le sol, incapable de se rappeler depuis combien de temps il avait perdu connaissance. Souffrant de diabète, par deux fois papa échappera à l'amputation d'un pied... Pour mon frère, il ne faisait aucun doute que notre père n'avait plus la capacité de gérer seul ses prescriptions médicales...

La suite nous démontra qu'il ne s'était pas trompé. Après avoir plongé dans un coma diabétique dont il ne sortira pas, notre père nous a quittés le 19 juillet 2004 à 23h10, à l'âge de 78 ans...

Nous avons accompagné papa à sa dernière demeure, neuf jours après sa disparition. Ce délai peut paraître long, mais c'est le temps qu'il a fallu pour qu'une concession nous soit attribuée à la Cathédrale du silence au cimetière Saint-Pierre de Marseille. Nous n'avions pas souhaité commettre la même erreur que pour maman... mettre papa en terre commune...

Quelques heures auparavant, arrivé le premier au dépositoire de l'hôpital Sainte-Marguerite, j'ai souhaité me recueillir devant la dépouille de mon père.

Si j'avais beaucoup pleuré la disparition de maman, je versais là autant de larmes... C'est en voyant son frêle corps allongé dans son cercueil que j'ai pris la réelle mesure de l'amour filial que j'éprouvais à son égard.

Le souvenir des bons moments passés ensemble remontait à ma mémoire, la retraite aux flambeaux et le défilé du 14 juillet sur la Canebière, nos parties de pêche, le jardin potager de la rue des Forges, les poules et les lapins, les deux étés que j'ai passés à ses côtés comme manœuvre à *la Glycérine*... sans oublier le chagrin que nous avions partagé lors de la disparition de maman. Il y avait aussi ses silences et ses secrets familiaux que nous respections et qu'il avait portés sur ses épaules toute sa vie, comme un lourd fardeau dont il semblait avoir honte... Mes larmes n'étaient pas feintes, je pleurais l'homme discret qui avait été mon père et que j'aimais avec une profonde sincérité...

C'est là que, mon frère, ma sœur et moi, serrés les uns contre les autres, nous avons pris conscience que désormais... nous étions trois enfants orphelins...

*

Je savais aussi que mon frère avait un souci de santé au sujet duquel, chaque fois que nous l'évoquions ensemble, il me disait : *tant que ça tient !*... Ça a tenu jusqu'au 4 avril 2007, le jour où Georges s'est éteint à l'âge de 56 ans... autrement dit, bien plus jeune que maman.

Si sa disparition a plongé toute sa famille dans un profond désarroi, ce dont nous ne doutions pas... elle nous a privés, Mylène comme moi, d'une part de nous-mêmes.

Il n'y a jamais eu de rivalité entre nous et encore moins de jalousie, ce qui allait bien à l'un convenait à l'autre. Confident l'un de l'autre, il est parti avec le secret de mes tourments et de mes doutes, comme je partirai avec les siens...

Nous étions comme les deux doigts d'une même main, même si certains peuvent en douter. Il a été le complice de nos jeux d'enfants, le copain de notre adolescence... puis l'ami avec lequel je pouvais partager un verre sur le zinc d'un bistrot.

Nos vies et nos carrières nous ont séparés, mais il n'y a pas un jour sans que je ne pense pas à lui, il est en moi... Je souhaite à toutes et à tous d'avoir ou d'avoir eu ce frère-là... et c'est aussi un peu de lui que je raconte dans ces pages que je lui dédie.

*

Bien d'autres s'en sont allés... Autour de nos tables de pique-niques, les chaises se sont peu à peu vidées... Mais quand l'été revient, sous le soleil incandescent, l'odeur des pins monte de notre garrigue, les cigales recommencent à chanter nos souvenirs et dans le bleu azur du ciel, les hirondelles dansent avec les âmes de nos chers disparus... et je sais qu'un jour, je les retrouverai...

*

NOTES ANNEXES...

*Vendredi 13 juin 1986*

À maman,

Le mal qui te ronge de jour en jour depuis deux ans n'en finit pas de te diminuer physiquement, peu à peu. Dans mes prières, je demande souvent à Dieu de te laisser encore près de nous. Est-ce par égoïsme ou par peur d'affronter la réalité d'une échéance inéluctable que cette réaction m'est commandée ?

Je ne le pense pas.

Simplement, je désire te voir vieillir à mes côtés et pouvoir à mon tour te rendre l'amour que durant toute ta vie tu as su nous donner et qui nous fera un jour défaut.

*

*Vendredi 4 juillet 1986*

Fait marquant du jour, anniversaire de maman, qui, bien trop épuisée par sa maladie, n'a pas la force de souffler ses cinquante-huit bougies, et par pudeur nous ne l'obligeons pas, comme chaque année, à fêter cet événement.

Je lui ai offert Volodia, le dernier roman de Simone Signoret. Maman a tenu à ce qu'il soit dédicacé. J'ai simplement inscrit sur la page de garde ce que l'on peut lire au vendredi 13 juin 1986, en souhaitant que ce chiffre lui porte bonheur.

Je sais qu'une fois seule, en lisant cette dédicace, maman a certainement dû pleurer.

*

*Vendredi 11 juillet 1986*

Cela n'arrive pas qu'aux autres…

Entrée en urgence de maman en réanimation :
- plus de globules blancs ;
- plus de globules rouges ;
- plus de plaquettes ;
- plus qu'un petit souffle de vie…

Pour combien de temps encore ?

*

*Jeudi 17 juillet 1986*

Un peu de répit…

Maman est momentanément sortie d'affaire, mais pour combien de temps ?

Dieu a-t-il entendu mes prières ?

*

*Dimanche 27 juillet 1986*

Aujourd'hui, pour le baptême d'Émilie, nous avons eu une belle journée ensoleillée, le plus beau jour depuis la création.

Maman est restée digne dans son fauteuil roulant.

*

*Mercredi 1ᵉʳ octobre 1986*

Maman, tout est fini !

Nos actes s'attachent à nous comme sa lueur au photophore ; ils font notre splendeur, il est vrai, mais ce n'est que notre usure.
Ô Dieu, prodigue de pardon et désireux du salut des hommes, j'implore votre clémence afin que maman, qui a quitté cette terre, parvienne, par l'intercession de la bienheureuse Marie, toujours vierge, et de tous les saints, à la grande réunion du bonheur éternel obtenue de votre grâce.

Par Jésus Christ, notre seigneur.

Ainsi soit-il !

Je venais d'arriver à mon bureau lorsque mon frère m'a appelé en urgence. Hospitalisée depuis de nombreuses semaines, maman était entrée dans le coma depuis deux heures du matin. J'accourus aussitôt à son chevet. À mon arrivée, son corps était abandonné de toute vie. Je me suis penché pour lui parler, sachant bien que ma voix ne parviendrait plus jusqu'à elle, ou du moins, si mes paroles atteignaient son âme, que je n'en obtiendrais aucune réponse.

Aujourd'hui encore, j'ignore quelle force m'a poussé à la sortie de mon bureau pour passer au chevet de maman. Elle était encore consciente, bien que très affaiblie et épuisée par la difficile bataille qu'elle livrait contre la maladie.

Papa était resté toute la journée à ses côtés, il avait du mal à dissimuler son inquiétude et son visage exprimait une certaine gravité. De temps à autre, je l'observais glisser une couche de ouate sous le flanc droit de maman. Du regard, je l'ai interrogé et j'ai suivi le sien, il a délicatement soulevé le drap, je constatai alors que le lit était maculé de sang… Il m'a fait comprendre que maman faisait une hémorragie…

C'est dans cette angoissante incertitude que je l'ai quittée…

Maman a souffert toute la nuit dans un combat perdu d'avance et rien n'était plus douloureux que l'inutilité de ce suprême effort. Cette pensée m'emplit aussitôt d'une vénération immense, je sentis s'abîmer tout mon être dans un gouffre d'amour et de détresse, tombant à genoux aux pieds du lit, j'enfonçai mon front dans les draps pour y étouffer mes sanglots.

Ce n'était pas uniquement de tristesse que je pleurais, mon admiration pour ce cœur qui ne livrait jamais accès à rien de vil, qui ne battait que pour autrui, qui s'offrait sans cesse au devoir, non point tant par dévotion que par inclination naturelle et avec tant d'humilité, que maman aurait pu dire avec Malherbe, mais avec combien plus de sincérité :

> — J'ai toujours tenu ma servitude comme une offrande si contemptible, qu'à quelque autel que je la porte, ce n'est jamais qu'avec honte et d'une main tremblante. »

Surtout, j'admirais ce constant effort qu'avait été sa vie pour se rapprocher un peu plus de tout ce qui lui paraissait aimable, ou qui méritait d'être aimé...

*

*Vendredi 3 octobre 1986*

Maman a été inhumée le 3 octobre... jour de la Saint Gérard... Avait-elle peur que je l'oublie ? ... Je revois le cercueil de chêne verni, recouvert de fleurs, de gerbes et de couronnes, posé au centre de la chapelle ardente au dépositoire du Pharo, encadré par quatre chandeliers qui diffusaient une lumière diaphane. L'odeur du cierge brûlé m'incommodait, mais je ne quittais pas des yeux le cercueil dans lequel maman était enfermée.

J'avais du mal à prendre conscience que maman ne reviendrait plus, qu'elle ne serait plus ma complice, ma confidente et que je venais de perdre le modèle auquel, avec fierté, je tenais tant à ressembler.

En plus de la famille, la foule est venue nombreuse pour assister à ses obsèques, comme le signe d'une certaine reconnaissance. Il y avait un collègue de mon travail en représentation, des voisins et des amis de mes parents. Chacun arborait le visage qui convenait à la circonstance, certains empreints de sincérité, les autres compatissants.

La chapelle n'était pas suffisamment grande pour contenir tout ce monde, les derniers arrivés sont restés debout au fond de la salle. Après une courte cérémonie religieuse au cours de laquelle, dans son homélie, le prêtre a brossé un portrait élogieux de maman, le cortège formé, nous sommes partis en direction du cimetière Saint-Pierre pour l'inhumation en terre commune.

Nous ne sommes pas intervenus auprès de mon père pour l'organisation des obsèques, tout le moins, pour lui donner quelques conseils. Dans son chagrin, il était allé au plus simple.

Au terme du chemin qui nous a conduits au cimetière, sitôt franchies les hautes grilles de fer qui cernent les lieux, l'atmosphère a changé du tout au tout. Au bourdonnement de la ville s'est substituée une surprenante quiétude.

Par la fenêtre de la voiture dans laquelle j'avais pris place, j'ai remarqué sur la gauche un petit bâtiment blanchi à la chaux, au mur duquel étaient suspendus quantité d'arrosoirs de plastique vert ou noir. L'atmosphère était oppressante. À perte de vue s'allongeait un alignement de pierres tombales gravées d'épitaphes, de noms de défunts et de dates définissant le début et la fin de leur passage parmi les hommes.

Dernières demeures pour familles désireuses de marquer *ad vitam aeternam* leur passage en ce bas monde. Au pied de nombreuses tombes, des fleurs, parfois naturelles et fanées, d'autres en soie, en matière plastique ou en porcelaine...

Le piétinement de la foule s'est enfin arrêté et le prêtre a invité l'assemblée à un dernier recueillement avant la mise en terre. Des images ont défilé devant mes yeux, d'abord floues puis de plus en plus précises. Je nous revois, droits comme des échardes plantées en plein cœur devant le trou sombre. Les yeux rougis d'avoir trop pleuré, les visages déformés par la douleur. Quel contraste sous ce magnifique ciel pur.

Contraste dérisoire. Mais la réalité était bien là, entre nous et ce trou où la mort allait engloutir tous mes souvenirs maternels. Ce trou faisait un autre trou encore plus noir, par lequel notre avenir devrait désormais passer. À cet instant même, j'ai compris combien on pouvait haïr sa propre vie.

J'étais si vivant sans raison pour l'être encore vraiment. J'aurais voulu m'arracher de ce lieu, comme une mauvaise herbe. Le bonheur ne prépare pas à ces instants pénibles qui nous plongent dans une profonde détresse à laquelle nous ne sommes jamais prêts, au départ d'êtres chers vers un lieu d'où l'on ne revient jamais. Tout simplement, à la perte de ceux qui nous semblent acquis à jamais, ceux que l'on imagine immortels…

Je garderai longtemps le souvenir de son calme visage, de son front pur, de sa bouche un peu sévère, de ses souriants regards qui versèrent tant de bonté sur mon enfance. Je voudrais, pour parler de notre mère, inventer des mots plus vibrants, plus respectueux et plus tendres.

Le bruit de la terre qui tombait sur le cercueil m'a rappelé soudain à la réalité, les fossoyeurs s'activaient à combler ce trou noir du désespoir. J'ai eu la sensation d'être enseveli avec lui et qu'au fur et à mesure, la terre pénétrait dans ma bouche et m'étouffait… Nous sommes restés là, immobiles et silencieux jusqu'à la dernière pelletée... Dans un ultime geste, l'un des fossoyeurs planta une simple croix de bois pour rappeler que ci-gisait, Marie-Rose Giordano, née Coullomb, et deux dates : 4 juillet 1928 – 1$^{er}$ octobre 1986...

Repose en paix ma tendre maman !

*

*Samedi 4 octobre 1986*

Combat inégal...

Ce soir comme par défi, je suis sorti dans le jardin. Je voulais défier Dieu pour nous avoir pris maman bien trop tôt. Moi pauvre pêcheur, soumettre au créateur la réalité de ma douleur en offrant à l'immensité des ténèbres mon torse nu afin que Dieu puisse voir mon cœur meurtri, saigné à blanc. Mais combien je me suis senti petit dans le silence et la profondeur de la nuit, où seul l'écho répondait à mes cris de douleur ! J'ai alors pu mesurer mon impuissance et renoncer à combattre.

Seul dans l'humidité de la nuit, souhaitant voir paraître maman et me blottir encore une fois au creux de ses bras. En vain, j'ai attendu un geste de l'au-delà. La lumière diffusée par la lune enveloppait d'un halo blafard les branches dépouillées du platane qui trônait au milieu de la cour, dressant ses branches vers le ciel comme dans une prière.

Prie pour moi qui, en ce jour, cherche ma foi. Adresse à Dieu cette prière dont j'ai oublié les mots et dis-lui combien est profonde ma tristesse.

*

*Mercredi 8 octobre 1986*

À maman amour,

Déjà huit jours que tu nous as quittés ! Il m'est difficile d'imaginer que plus jamais je ne pourrai te serrer dans mes bras, poser tendrement ma tête sur ton sein comme j'aimais à le faire dans mon enfance en disant *maman, je t'aime !* Tu posais alors sur moi un tendre regard chargé de tout ton amour sous lequel je me sentais invulnérable. Tu étais toujours là pour adoucir mes difficultés ou m'aider à les surmonter.

Face à la cruelle vérité de ton absence, aujourd'hui, pour les miens, je me dois de devenir définitivement un homme responsable. On dit que le temps efface toutes les douleurs, mais aucunement les souvenirs. Ce serait hypocrite de ma part de dire que je n'oublierai pas certaines images des derniers jours de ta vie, car ce ne sont pas les meilleures. Je préfère garder de toi celles qui ont illuminé mon cœur comme un rayon de soleil, dans lequel il y aura toujours un peu de toi qui brillera.

Maman, tes souffrances ont pris fin et maintenant tu reposes en paix, c'est la seule consolation que je peux avoir du manque de toi...

*

*Lundi 13 octobre 1986*

À maman amour,

Cette nuit, j'ai fait un rêve merveilleux.

Je t'ai rêvée m'accompagnant dans une promenade matinale où je t'entraînais à travers bois. Sous nos pieds, l'herbe était encore lourde de rosée ; l'air était frais, la rose de l'aurore avait fané depuis longtemps, mais l'oblique rayon nous souriait avec une nouveauté ravissante. Nous avancions la main dans la main. Nous marchions à pas légers, muets, pour n'effaroucher aucun dieu, ni le gibier, écureuils, lapins, chevreuils, qui folâtraient et s'ébrouaient, confiants en l'innocence de l'heure, et ravivaient un éden quotidien avant l'éveil de l'homme et la somnolence du jour...

Éblouissement pur, puisse ton souvenir, à l'heure de la mort, vaincre l'ombre qui est faite sur ta vie.

> Mon âme que de fois, par l'odeur du milieu du jour,
> s'est rafraîchie dans ta rosée, la vie ne m'est plus rien sans toi...

*

*Samedi 1er novembre 1986*

À maman amour,

Il y a un mois aujourd'hui que tu n'es plus de ce monde, nous continuons à vivre comme si tu étais encore à nos côtés, juste absente pour quelques jours, attendant avec impatience ton retour. Mais la réalité nous replonge à chaque fois dans le vide que tu as laissé.

Je me surprends parfois à avoir des pensées à te communiquer ou des confidences à te faire, que la cruelle évidence de ton absence fait que plus jamais nous ne les partagerons. Combien de joies dans notre avenir ne seront plus aux couleurs d'autrefois. Aucun être, même le plus cher à mon cœur, ne peut prendre la place que tu occupais dans ma vie. Je ne peux plus avoir de complicité, de soutien ou de conseil à quérir auprès de toi qui me guidait sur le bon chemin à prendre. La clairvoyance et l'analyse que tu nous faisais partager en toutes choses me font défaut. Aucun sujet de conversation ne trouvait en toi une réponse, une repartie qui ne soient pas chargées de ta douce intelligence et dont nous ne sachions tirer une leçon. Sais-tu le vide que tu as laissé dans ta famille ? Je ne pense pas qu'un seul d'entre nous puisse t'oublier un jour, dans nos cœurs tu demeureras. À l'horizon de ces nouveaux jours, je ne souhaite qu'une chose : que ma conduite quotidienne soit le reflet de ton enseignement et qu'elle soit commandée par ta volonté céleste afin que jamais ne s'éteigne ton humble souvenir.

*

*Dimanche 23 novembre 1986*

Pretium doloris...

À l'occasion de l'anniversaire de Denis, papa nous a remis à chacun de nous trois, Georges, Mylène et moi, un chèque de 4.500 Frs, cadeau que maman a chargé notre père de nous faire après son décès. J'ai été très touché par ce geste. Je pensais sincèrement au contraire que nous allions devoir subvenir aux besoins de papa pour faire face à quelques dépenses générées par les obsèques de maman.

Je n'aime pas à parler d'héritage, mais comment interpréter ce don ? Personnellement, je ne voulais pas de cet argent, j'estime qu'aux besoins de chacun de nous nos parents ont largement pourvu durant leur vie. Je ne veux avoir aucune prime pour la perte de maman, une sorte de *pretium doloris*. Le seul legs que je consens à recevoir, c'est son exemple que je peux dépenser sans compter.

*

*Jeudi 25 décembre 1986.*

Premier Noël sans maman !

*

*Mardi 24 février 1987.*

Premier anniversaire de papa sans maman !

Aujourd'hui, notre père fête ses 61 ans, c'est son premier anniversaire sans maman.

La joie n'est plus la même, malgré le désir de faire plaisir, le cœur ne suit pas… Bien sûr, nous aimons tous les trois notre père avec un profond respect, mais il nous manque le principal et l'essentiel pour compléter la réunion familiale.

J'ignore si le sentiment de vide que nous éprouvons parvient jusqu'à toi, mais ici-bas, il est palpable. La sensation de manque créée par ton absence est visible sur nos visages, mais, afin de préserver ton souvenir, nous souhaitons perpétuer les traditions inculquées. Tu as toujours été le lien entre les membres de ta petite famille, nous obligeant en quelque sorte à nous retrouver, ensemble, en toute occasion, pour préserver notre unité parce que tu la savais fragile…

Demain, que restera-t-il de toutes ces joies partagées, trouverons-nous la force de continuer ou se dissoudront-elles dans nos vies dispersées ?

*

*Jeudi 21 mai 1987*

Par la belle journée de printemps de ce 21 mai 1987, combien sommes-nous à attendre la confrontation avec les souvenirs encore vivaces dans nos mémoires ? Il y a papa bien sûr ! Mon frère Georges et moi, notre tante L. et un commissaire de police chargé de superviser l'opération.

En vérité, il doit vérifier qu'il s'agit du bon cercueil et que nous ne procédons pas à un quelconque trafic, récupération de bijoux ou quelque argent caché lors de l'inhumation. Bien que certainement rodé à cette situation, il semble gêné par son intrusion dans notre intimité familiale.

Les fossoyeurs ont commencé leur terrassement, tout se passe bien, peu à peu, le cercueil de maman est dégagé de la terre qui le recouvrait. Nous avons constaté que le couvercle était abîmé, le bois a travaillé, il est fendu sur toute sa longueur. Il est vrai que l'automne et l'hiver passés ont été pluvieux, ce qui peut expliquer cette détérioration causée par le poids de la terre détrempée.

Chacun de nous hésite à s'approcher, tétanisé par la peur d'apercevoir la dépouille de maman par l'espace ainsi ménagé entre les planches du couvercle.

Les fossoyeurs tirent sur leurs crochets pour extraire le cercueil, mais celui-ci reste collé au fond du trou... Un des hommes, peut-être le chef d'équipe, nous explique que cela arrive souvent après la saison des pluies, l'eau infiltrée dans la terre meuble s'est transformée en boue collante.

S'approchant de nous, il nous dit que cette opération présente un certain risque : il peut arriver que le fond du cercueil se détache, il est alors sorti par morceaux et le corps du défunt est visible... Il nous conseille de nous retirer et d'attendre qu'ils en aient terminé. Malgré notre inquiétude, nous préférons rester.

Sous l'effort des hommes, le bois craque et gémit, nous échangeons des regards empreints d'angoisse. Ils tirent encore, le cercueil craque de plus belle, mais reste toujours accroché au fond de son trou... comme si maman refusait de partir de ce lieu pourtant si austère...

Lors du décès de maman, nous n'avions pas suggéré à papa de prendre une concession dans la Cathédrale du silence. Bien qu'enfermés dans des alvéoles et empilés les uns sur les autres, les cercueils sont mieux protégés des intempéries. Je crois que devant ce spectacle chacun de nous regrette de ne pas avoir influencé notre père pour le choix de cette option.

Mais soudain, une exclamation générale me tire de mes pensées. C'est fait, le cercueil a enfin lâché prise et, à notre grand soulagement, il est remonté entier à la surface. Posé sur des tréteaux, après les vérifications effectuées par le commissaire, papa entreprend un bon nettoyage. Ses gestes sont doux et appliqués, tout comme ceux d'un homme qui caresse le corps de sa bien-aimée. Je perçois quelques larmes dans ses yeux, il n'est pas le seul, nous avons tous du mal à retenir notre émotion.

Après quelques minutes de recueillement, nous prenons le chemin du cimetière du Cannet où maman va reposer dans le caveau de la famille D. Je ne suis pas encore conscient que nous commettions une nouvelle erreur...

*

*Mercredi 10 juin 1987.*

Mon premier anniversaire sans maman !

Aujourd'hui je souffle mes trente-huit bougies. Combien de fois, quand le téléphone sonne, ai-je souhaité en décrochant, entendre ta voix ? Et ce jour-là, plus encore qu'un autre jour. Mais le miracle n'a jamais lieu, il n'y a pas d'abonnement avec l'au-delà.

Je sais très bien que tu ne liras pas les pages que pour toi j'écris. En fin de compte, ce n'est peut-être qu'à mon intention, par égoïsme, comme pour te garder encore un peu auprès de moi, pour sauvegarder ce mot composé de deux syllabes rayonnantes, *maman*, que tu n'entends plus et qui me déchire le cœur...

\*

*Samedi 4 juillet 1987.*

Anniversaire de maman...

Il y a maintenant neuf mois que tu t'es laissé glisser vers un ailleurs qui te guettait de sa force tranquille et profonde... tu aurais 59 ans aujourd'hui...

Toujours si vivante dans ma mémoire, tu viens sur le velours des mots que j'écris pour la musique de tes jours blessés, coups de griffe au temps et sous la chanson des mots apparaît ton sourire.

Là, sur l'écran bleu de mon ordinateur, les lettres s'attachent, se séparent, c'est un chemin qui me bat la chamade, avec des coupes blanches et des instants de toi, mais l'évocation de ton souvenir fait invariablement monter en moi une grande tristesse qui se noie dans mes larmes.

Ô maman ! Tu es partie trop tôt, trop vite... J'ai mal de ton absence, suis-je égoïste en ne parlant que de ma douleur ? Je ne suis pourtant pas le seul à souffrir du manque de toi. Au fil des nuits, dans mes pensées, j'essaie souvent de te rejoindre afin de retrouver la quiétude de tes bras, car il n'y avait que là que je me sentais en sécurité sous ta protection maternelle.

Malgré les années qui passent et qui m'infligent la marque du temps, je suis resté ce petit enfant qui ne voulait pas grandir pour te garder auprès de lui, longtemps... très longtemps...

*

*Jeudi 1er octobre 1987*

Maman, voilà déjà un an...

Que reste-t-il de nos beaux jours ? Je ne peux même pas regarder tes albums et encore moins fouiller dans la boîte de biscuits en fer blanc où sont entassées les photos qu'il te restait à trier, c'est papa qui les conserve et il refuse de s'en séparer. Quand je lui demande de me les confier, il répond toujours :

— On verra plus tard !

Je comprends bien que, pour lui, cela soit très difficile de replonger dans votre passé, pour moi non plus, ce n'est pas facile, mais à cette occasion, j'aimerais également récupérer des photos de mon enfance, des souvenirs plus personnels, de mes années de maternelle et de l'école communale.

Heureusement que, dans ma jeunesse, j'ai fait un peu de photo en amateur et j'ai, de ce fait, quelques clichés de toi. Mais cela ne remplace pas ceux qui me touchent le plus, le début de nous...

\*

*Lundi 4 juillet 1988.*

Aujourd'hui tu aurais 60 ans !

Devant moi est posé le dernier livre que je t'ai offert pour ton anniversaire le 4 juillet 1986, mes yeux parcourent la dédicace que j'avais inscrite sur la page de garde et que je reproduis ci-dessous :

À maman Amour,

Dans mes prières, je demande souvent à Dieu de te laisser encore près de nous, car je voudrais te voir vieillir à mes côtés et pouvoir à mon tour te rendre l'amour que toute ta vie tu as su nous donner.

Ton fils Gérard

Maman, toi qui es maintenant à ses côtés, dis-moi si Dieu écoute nos prières, pourquoi celle-ci ne l'a-t-il pas entendu ?

\*

*Dimanche 26 mars 1989*

Prière du dimanche

Dans cette église qui est ma maison, Seigneur, vers toi je suis venu, en homme libre, pour prier.

Aucune crainte ne saisit mon âme, car je sais que dans ta bonté infinie tu pardonneras à l'humble pêcheur que je suis.

C'est aujourd'hui pour maman, qui est auprès de toi, que je viens prier.

Pour rendre grâce à la protection quotidienne qu'elle nous apporte.

Je ne puis, Seigneur, que te demander en retour de bien garder auprès de toi le seul être tant chéri que je bénis tous les jours d'être ma maman.

Ainsi Soit-il.

*

*Dimanche 2 juin 1996*

À maman pour la fête des Mères ! ...

Sur ma table de chevet, il y a une photographie de maman dans un cadre doré. Maman est là, un chapeau de paille sur la tête, Flora, sa petite épagneule, posée sur ses genoux. Cette photo a été prise il y a vingt ans, en été, à Carry-le-Rouet, où nous avons passé trois années durant de merveilleuses vacances estivales.

Si vivante ! Si présente, dans son cadre de lumière ! Chaque fois que je regarde cette image, je me sens rejeté dans un passé de tendresse et d'harmonie. Mon enfance me remonte à la gorge avec un goût de larmes. Comme nous étions heureux alors ! Comme l'avenir paraissait assuré et facile ! J'ai du mal à détacher mes yeux de la photographie. Malgré moi, j'associe dans un même sentiment de tristesse toutes les ruptures qui ont suivi son départ. J'éteins la lampe de chevet, et, pelotonné dans le noir, je retourne à une époque d'enfantine tendresse ; à cette évocation, je ne peux retenir mes larmes…

*

*Lundi 19 juillet 2004*

23h10…papa vient de nous quitter…

Depuis quelques jours, il avait été admis aux urgences de l'hôpital Sainte-Marguerite à Marseille, à cause de son diabète ; il était plongé dans le coma…

Notre frère Georges, est resté à Marseille avec sa famille, notre sœur s'est installée à Lyon et moi à Draguignan. C'est donc bien seul que mon frère a dû faire face aux problèmes de santé de notre père. À plusieurs reprises, il l'avait découvert inconscient, allongé sur le sol, incapable de se rappeler depuis combien de temps il avait perdu connaissance.

Souffrant de diabète, par deux fois papa avait échappé à l'amputation d'un pied… Pour mon frère, il ne faisait aucun doute que notre père n'avait plus la capacité de gérer seul ses prescriptions médicales…

\*

*Mercredi 28 juillet 2004*

Aujourd'hui, nous accompagnons papa à sa dernière demeure. Neuf jours après sa disparition, ce délai peut paraître long, mais c'est le temps qu'il a fallu pour qu'une concession nous soit attribuée à la Cathédrale du silence au cimetière Saint-Pierre de Marseille. Nous n'avons pas souhaité commettre la même erreur que pour maman... mettre papa en terre commune...

Quelques heures auparavant, arrivé le premier au dépositoire de l'hôpital de Sainte-Marguerite, j'ai souhaité me recueillir seul devant la dépouille de mon père.

Si j'avais beaucoup pleuré la disparition de maman, aujourd'hui, je verse autant de larmes... C'est en voyant son frêle corps allongé dans son cercueil que je prends la réelle mesure de l'amour filial que j'éprouve à son égard.

Le souvenir des rares bons moments passés ensemble remonte à ma mémoire, la retraite aux flambeaux et le défilé du 14 juillet sur la Canebière, nos parties de pêche, le jardin potager de la rue des Forges, les poules et les lapins, les deux étés que j'ai passés à ses côtés comme manœuvre à *la Glycérine*... sans oublier le chagrin que nous avons partagé lors de la disparition de maman. Il y a aussi ses silences et ses secrets familiaux que nous respections et qu'il a portés sur ses épaules toute sa vie, comme un lourd fardeau dont il semblait avoir honte... Mes larmes ne sont pas feintes, je pleure l'homme discret et effacé qui a été notre père et que j'aimais avec une profonde sincérité...

C'est là que mon frère, ma sœur et moi, serrés l'un contre l'autre nous prenons conscience que désormais... nous sommes trois enfants orphelins...

*

*Mercredi 4 avril 2007.*

Mon frère Georges n'est plus...

J'étais à mon bureau lorsque mon fils Pascal m'a appelé pour m'annoncer la triste nouvelle. Mon frère Georges était entré en urgence à l'hôpital Saint-Joseph de Marseille durant le week-end précédent, il venait de décéder.

Moins de trois ans après notre père, Georges s'est éteint à l'âge de 56 ans... Autrement dit, bien plus jeune que maman... Nous connaissions tous le problème de santé qui pouvait entraîner son décès prématuré, mais nous ne l'évoquions jamais en famille.

Lorsque j'abordais avec lui le sujet au cours de nos échanges téléphoniques, il me disait toujours *tant que ça tient !*... Sa disparition a plongé toute sa famille dans un profond désarroi, ce dont nous ne doutions pas… mais je pense plus particulièrement à mes deux neveux, Philippe et Nicolas, ses deux fils.

Nos vies et nos carrières nous ont séparés, mais il n'y a pas un jour sans que je ne pense pas à lui, il est en moi. Sa soudaine disparition nous prive, Mylène et moi, d'une part de nous-mêmes.

Il n'y a jamais eu de rivalité entre nous et encore moins de jalousie, ce qui allait bien à l'un convenait à l'autre. Confident l'un de l'autre, il est parti avec le secret de mes tourments et de mes doutes, comme je partirai avec les siens…

Nous étions comme les deux doigts d'une même main, même si certains peuvent en douter. Il avait été le complice de nos jeux d'enfants, le copain de notre adolescence… puis l'ami avec lequel je pouvais partager un verre sur le zinc d'un bistrot.

Adieu frérot, tu es parti rejoindre nos parents, embrasse-les pour moi et repose enfin en paix !...

\*

*Vendredi 3 octobre 2008*

Fait marquant du jour…

C'est le vingt-deuxième anniversaire des obsèques de maman. Comme le temps passe vite ! Elle me manque toujours, autant qu'au premier jour.

\*

*Vendredi 27 février 2009*

Douloureux souvenir...

Depuis le 21 mai 1987, une fois passées les hautes grilles de fer de l'entrée du cimetière du Cannet à Marseille, rien n'a beaucoup changé, il y règne toujours la même atmosphère de quiétude.

Toujours la même bâtisse aux murs fraîchement blanchis à la chaux auxquels sont toujours suspendus des arrosoirs de plastique vert ou noir... Par la fenêtre, je remarque un vieux veston posé sur le dossier d'une chaise, ainsi que sur la table, un journal déplié et à côté d'un cendrier débordant de mégots, une grande tasse contenant un liquide encore fumant, comme si quelqu'un venait de quitter brusquement l'endroit.

Je poursuis mon chemin par l'allée centrale. L'atmosphère est tout de même un peu oppressante. C'est un alignement de pierres tombales sculptées et serties de camées en porcelaine, des épitaphes gravées à l'or fin sur du granit noir mentionnent les noms des défunts et les dates marquent les traces de leur passage sur terre.

Depuis, de nouveaux *locataires* ont certainement pris possession des lieux pour leur repos éternel... Des photographies de personnes prématurément décédées le disputent à celles d'augustes vieillards... Le paradoxe de la vie, c'est aussi d'arriver dans ce bas monde avec la secrète date de notre départ...

J'arrive enfin devant la large dalle de granit surélevée qui recouvre le caveau dans lequel maman repose depuis vingt-trois ans. Sur la stèle est gravé "Famille D.". Tout cela n'a rien à voir avec nous, maman est hébergée dans une sépulture qui nous est étrangère.

Une fois à la retraite, je pourrai enfin mieux m'occuper de mes affaires personnelles. J'envisage de prendre un caveau familial au cimetière Saint-Pierre à Marseille, dans lequel maman et papa pourront reposer en paix côte à côte, réunis pour l'éternité, et quand mon heure aura sonné, je viendrai les retrouver.

Le plus difficile reste à faire, convaincre ma tante L., la sœur aînée de maman, de nous restituer le cercueil pour le transférer…

\*

Lundi 4 juillet 2011 - Triste anniversaire…

Peut-être que le temps pluvieux se prête davantage à la mélancolie ? Bien que scientifiquement non quantifiable, le poids des nuages pèse sur mon esprit. En cette journée d'anniversaire posthume, mes pensées pour maman sont plus vivaces.

Elle aurait eu 83 ans. Nous aurions tous été très heureux de la voir vieillir à nos côtés et de fêter cet événement ensemble.

Comment l'imaginer aujourd'hui :

- en petit bout de femme que les années n'auraient pas entamée ?
- en vieille maman usée par les charges familiales ?
- aurait-elle gardé son regard malicieux aux éclats noisette ?
- quelles conversations tiendrait-elle avec toujours autant d'intelligence et de spontanéité ?

Il y a tant d'autres questions laissées sans réponse...

Une chose est certaine, maman n'aurait jamais accepté que Pascal coupe les ponts avec moi. Comme à son habitude, contre vents et marées, elle aurait tout mis en œuvre pour que nous conservions notre lien familial.

Maman a toujours été la clé de voûte de notre édifice familial. Après nous avoir prématurément quittés, cet ensemble, quelque peu fragile, s'est complètement effondré.

Sans notre guide pour nous conduire sur nos chaotiques chemins, combien d'erreurs avons-nous commises ?

Chacun, en notre âme et conscience, nous ne pouvons que lui demander de nous pardonner et, depuis son petit nuage, de nous protéger contre nous-mêmes...

Ô maman ! Combien tu nous manques...

\*

*Vendredi 4 juillet 2014*

Aujourd'hui, une grosse pensée particulière…

Le 4 juillet 1928, Émilienne Coullomb donnait naissance à une petite fille, que ses parents appelèrent Marie-Rose. Vingt et un ans plus tard, devenue une jeune et jolie femme, à son tour elle mit au monde un petit garçon joufflu. C'est ainsi que cette jeune et jolie femme est devenue ma maman !

Deux ans après, un nouveau petit garçon venait agrandir le cercle de notre famille, Georges, le frérot. Il me fallut attendre onze années pour voir l'arrivée d'un troisième bébé. Ou plutôt, enfin l'amorce d'un équilibre paritaire, la naissance de notre petite sœur, Marie-Madeleine, plus connue sous le diminutif de Mylène et du sarcasme Micoton !!!!

Malheureusement, nous ne fêterons pas son quatre-vingt-sixième anniversaire. Maman nous a quittés bien trop tôt, il y aura vingt-huit ans le 1$^{er}$ octobre prochain, elle n'avait que 58 ans.

Je ne pouvais pas passer à côté de cet événement, aussi douloureux soit-il. Mais aujourd'hui, face à la montée de tant de colères, de violences et de haines dans tous les coins du monde, je me dis que nous devrions tous prendre conscience que viendra, à chacun de nous, le jour où les bras dans lesquels nous avons connu tant de bonheur, de joie ou de chagrin, mais qui ont toujours su nous protéger, nous manquerons à jamais.

*

*Samedi 1ᵉʳ octobre 2016*

Maman,

C'est aujourd'hui le trentième anniversaire de ta disparition… tu aurais eu 88 ans le 4 juillet de cette année…

Ce n'est pas que je n'ai plus la force de te pleurer, tu es omniprésente dans mes pensées. Mais à présent, chaque fois que j'évoque ton départ, je prends conscience que je suis devenu plus vieux que toi… et j'assimile ma réflexion à une offense à ta vie, qui a pris fin alors que tu n'avais que 58 ans…

Et, dans mon for intérieur, même si je souhaite que ce soit le plus tard possible, je me prépare à devoir accepter qu'un jour ce sera mon tour… Je me console en pensant que nous nous retrouverons et que je pourrai de nouveau me blottir dans tes bras…

*